ໂຮງຮຽນ - ysgol 2

ການທ່ອງທ່ຽວ - teithio 5

ນັກຮຽນ - cludiant 8

ເມືອງ - dinas 10

ພູມິປະເທດ - tirwedd 14

ຮ້ານອາຫານ - bwyty 17

ຂຸບເປີ້ມາກາເຮັດ - archfarchnad 20

ເຄື່ອງດື່ມ - diodydd 22

ອາຫານ - bwyd 23

ຟາມ - fferm 27

ເຮືອນ - tŷ 31

ຫ້ອງຮັບແຂກ - lolfa 33

ຫ້ອງຄົວ - cegin 35

ຫ້ອງນ້ຳ - ystafell ymolchi 38

ຫ້ອງພັກຜ່ອນຄ່າລ້ຽງເດັກນ້ອຍ - ystafell plentyn 42

ເສື້ອຜ້າ - dillad 44

ຫ້ອງການ - swyddfa 49

ຄວາມປະຢັດ - economi 51

ອາຊີບ - swyddi 53

ເຄື່ອງມື - offer 56

ເຄື່ອງດົນຕີ - offerynnau cerdd 57

ສວນສັດ - sŵ 59

ກິລາ - chwaraeon 62

ກິດຈະກຳ - gweithgareddau 63

ຄອບຄົວ - teulu 67

ຮ່າງກາຍ - corff 68

ໂຮງໝໍ - ysbyty 72

ສຸກເສີນ - argyfwng 76

ໂລກ - y Ddaear 77

ໂມງ - cloc 79

ອາທິດ - wythnos 80

ປີ - blwyddyn 81

ຮູບຮ່າງ - siapiau 83

ສີ - lliwiau 84

ກົງກັນຂ້າມ - cyferbyniadau 85

ຕົວເລກ / ຈຳນວນ - rhifau 88

ພາສາ - ieithoedd 90

ໃສ / ແມ່ນຫຍັງ / ແນວໃດ - pwy / beth / sut 91

ຢູ່ໃສ - ble 92

Impressum

Verlag: BABADADA GmbH, Nedderfeld 112 , 22529 Hamburg

Geschäftsführer / Verlagsleitung: Harald Hof

Druck: Books on Demand GmbH, In de Tarpen 42, 22848 Norderstedt

Imprint

Publisher: BABADADA GmbH, Nedderfeld 112 , 22529 Hamburg, Germany

Managing Director / Publishing direction: Harald Hof

Print: Books on Demand GmbH, In de Tarpen 42, 22848 Norderstedt, Germany

ໂຮງຮຽນ

ysgol

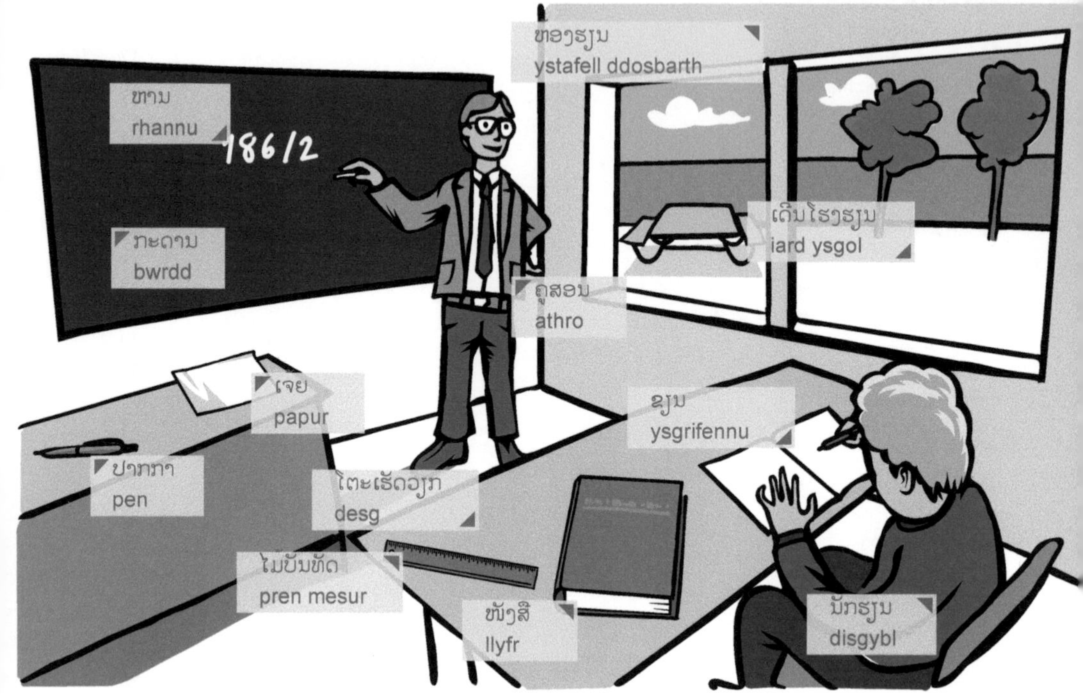
ຫ້ອງຮຽນ
ystafell ddosbarth
ຫານ
rhannu
186/2
ກະດານ
bwrdd
ເດີ່ນໂຮງຮຽນ
iard ysgol
ຄູສອນ
athro
ເຈ້ຍ
papur
ຂຽນ
ysgrifennu
ປາກກາ
pen
ໂຕະເຮັດວຽກ
desg
ໄມ້ບັນທັດ
pren mesur
ໜັງສື
llyfr
ນັກຮຽນ
disgybl

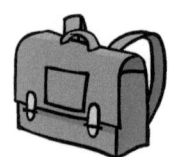

ກະເປົາໃສ່ປຶ້ມທີ່ມີສາຍພາຍ

bag ysgol

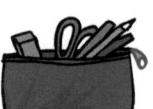

ກັບສໍດຳ

blwch penseli

ສໍດຳ

pensil

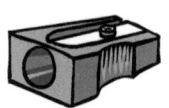

ເຄື່ອງແຫຼມສໍ

peth rhoi min ar bensil

ຢາງລຶບ

rwber

ສະໝຸດແຕ້ມຮູບ

pad arlunio

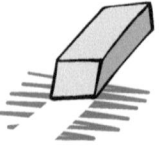

ພາບວາດ

llun

ແປງທາສີ

brws paent

ກ່ວງສີ

blwch paent

ມິດຕັດ

siswrn

ກາວ

glud

ປຶ້ມເຝິກຫັດ

llyfr ysgrifennu

ວຽກບ້ານ

gwaith cartref

12

ຕົວເລກ

rhif

2+2

ບວກ

ychwanegu

5-2

ລົບ

tynnu

2×2

ຄູນ

lluosi

ຄິດໄລ່

cyfrifo

A

ຕົວອັກສອນ

llythyren

ABCDEFG
HIJKLMN
OPQRSTU
VWXYZ

ພະຍັນຊະນະ

gwyddor

hello

ຄໍາສັບ

gair

ຂໍ້ຄວາມ

testun

ອ່ານ

darllen

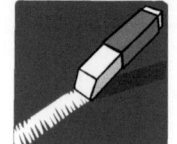

ສໍຂາວ

sialc

ບົດຮຽນ

gwers

ລົງທະບຽນ

cofrestr

ການສອບເສັງ

arholiad

ໃບຍັ້ງຢືນ

tystysgrif

ຊຸດນັກຮຽນ

gwisg ysgol

ການສຶກສາ

addysg

ປຶ້ມຮວບຮວມຄວາມຮູ້ສາລະພັດ

gwyddoniadur

ມະຫາວິທະຍາໄລ

prifysgol

ກ້ອງຈຸລະທັດ

microsgop

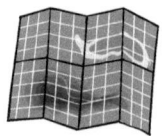

ແຜນທີ່

map

ກະຕ່າໃສ່ເສດເຈ້ຍ

basged papur gwastraff

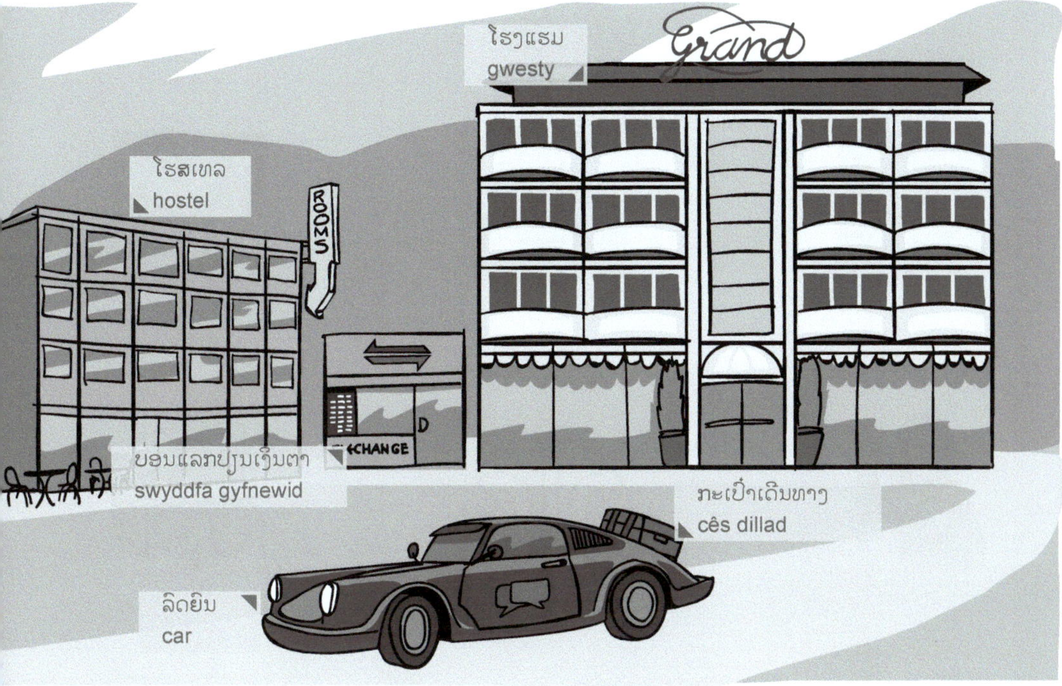
Grand
ໂຮງແຮມ
gwesty
ໂຮສເທລ
hostel
ROOMS
ບ່ອນແລກປ່ຽນເງິນຕາ
swyddfa gyfnewid
CHANGE
ກະເປົ໋າເດີນທາງ
cês dillad
ລົດຍົນ
car

ພາສາ

iaith

ແມ່ນ / ບໍ່ແມ່ນ

ie / na

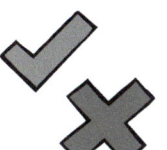

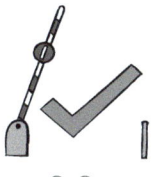

ຕົກລົງ

iawn

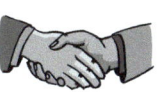

ສະບາຍດີ

helo

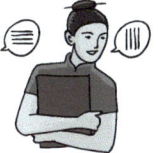

ນັກແປພາສາ

cyfieithydd

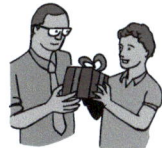

ຂອບໃຈ

Diolch yn fawr

ລາຄາເທົ່າໃດ...?

faint yw ...?

ຂ້ອຍບໍ່ເຂົ້າໃຈ

Dw i ddim yn deall

ບັນຫາ

problem

ສະບາຍດີຕອນແລງ!

Noswaith dda!

ສະບາຍດີຕອນເຊົ້າ!

Bore da!

ລາຕິສະທຄວັດ

Nos da!

ລາກ່ອນ

hwyl

ທິດທາງ

cyfarwyddyd

ກະເປົາເດີນທາງ

bagiau

ກະເປົາ

bag

ກະເປົາພາຍຫຼັງ

gwarbac

ແຂກ

gwestai

ຫ້ອງ

ystafell

ຖົງໃສ່ເຄື່ອງນອນ

sach gysgu

ເຕັ້ນ

pabell

ຂໍ້ມູນບັກທ່ອງທ່ຽວ

gwybodaeth i ymwelwyr

ຊາຍຫາດ

traeth

ບິດເຄຣດິດ

cerdyn credyd

ອາຫານເຊົ້າ

brecwast

ອາຫານທ່ຽງ

cinio

ອາຫານແລງ

swper

ປີ້

tocyn

ລິຟ

lifft

ສະແຕມ

stamp

ພິມແດນ

ffin

ພາສີ

tollau

ສະຖານທູດ

llysgenhadaeth

ວິຊາ

fisa

ຫັງສືຜ່ານແດນ

pasbort

ຂົນສົງ

cludiant

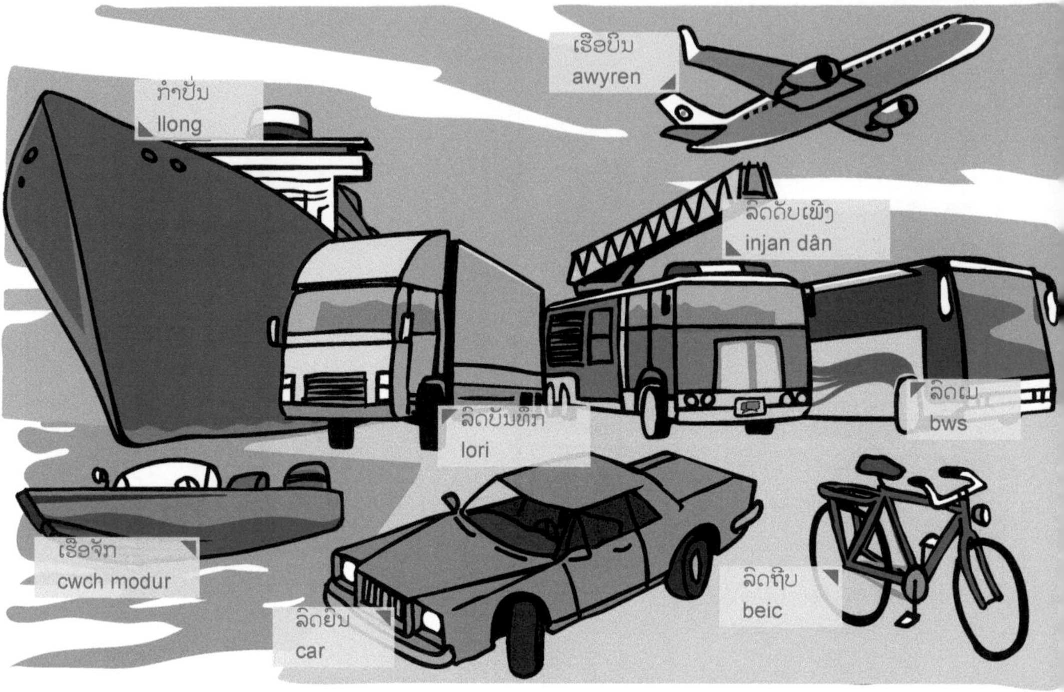
ເຮືອບິນ
awyren
ກຳປັ່ນ
llong
ລົດດັບເພີງ
injan dân
ລົດເມ
bws
ລົດບັນທຸກ
lori
ເຮືອຈັກ
cwch modur
ລົດຖີບ
beic
ລົດຍົນ
car

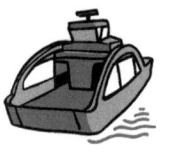

ເຮືອຂ້າມຟາກ

fferi

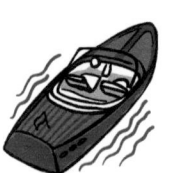

ເຮືອ

cwch

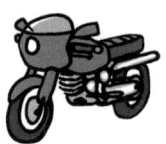

ລົດຈັກ

beic modur

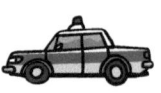

ລົດຕຳຫຼວດ

car yr heddlu

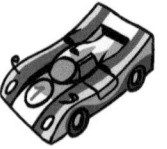

ລົດແຂ່ງ

car rasio

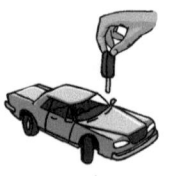

ລົດເຊົ່າ

car wedi'i rentu

ການແບ່ງປັນກັນໃຊ້ລົດ

rhannu car

ລົດລາກ

lori tynnu

ລົດຂົນຂີ້ເຫຍື້ອ

lori ysbwriel

ເຄື່ອງຍົນ

modur

ເຊື້ອໄຟ

tanwydd

ປ້ຳນ້ຳມັນ

gorsaf betrol

ປ້າຍຈາລະຈອນ

arwydd traffig

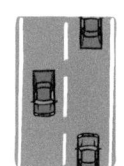

ການຈາລະຈອນ

traffig

ການຈາລະຈອນຕິດຂັດ

tagfa draffig

ບ່ອນຈອດລົດ

maes parcio

ສະຖານີລົດໄຟ

gorsaf drennau

ລາງລົດໄຟ

traciau

ລົດໄຟ

trên

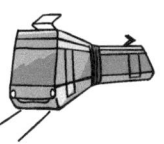

ລົດລາງ

tram

ຕູ້ລົດໄຟ

wagen

ເຮລິຄອບເຕີ

hofrennydd

ສະໜາມບິນ

maes awyr

ທໍຄອຍ

tŵr

ຜູ້ໂດຍສານ

teithiwr

ຕູ້ບັນຈຸສິນຄ້າ

cynhwysydd

ກ່ອງເຈ້ຍ

paced

ກວຽນ

cert

ກະຕ່າ

basged

ເຮືອບິນຂຶ້ນ / ເຮືອບິນລົງຈອດ

esgyn / glanio

ເມືອງ

dinas

ບ້ານ

pentref

ໃຈກາງເມືອງ

canol y ddinas

ເຮືອນ

tŷ

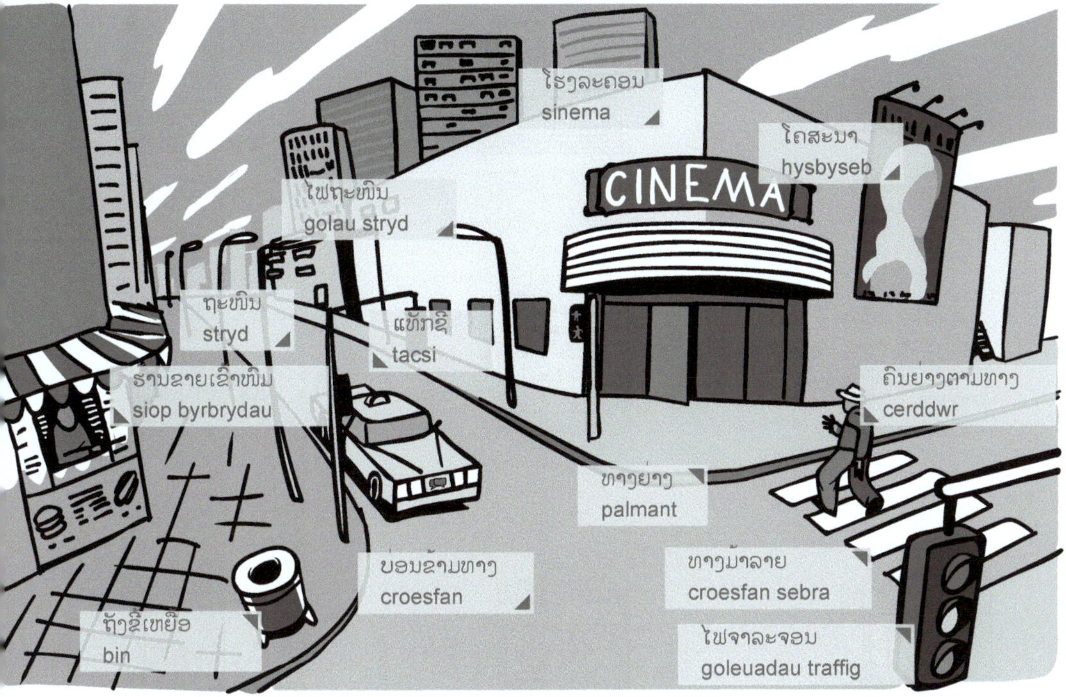

ໂຮງລະຄອນ
sinema

ໂຄສະນາ
hysbyseb

ໄຟຖະໜົນ
golau stryd

ຖະໜົນ
stryd

ແທັກຊີ
tacsi

ຮ້ານຂາຍເຂົ້າໜົມ
siop byrbrydau

CINEMA

ຖິ່ນຍ່າງຕາມທາງ
cerddwr

ທາງຍ່າງ
palmant

ບ່ອນຂ້າມທາງ
croesfan

ທາງມ້າລາຍ
croesfan sebra

ຖັງຂີ້ເຫຍື້ອ
bin

ໄຟຈາລະຈອນ
goleuadau traffig

ຕູບ

cwt

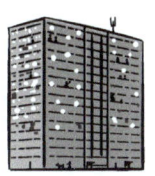

ແຟລດ

fflat

ສະຖານີລົດໄຟ

gorsaf drennau

ໂຮງການເມືອງ

neuadd y dref

ຫໍພິພິດຕະພັນ

amgueddfa

ໂຮງຮຽນ

ysgol

ມະຫາວິທະຍາໄລ

prifysgol

ທະນາຄານ

banc

ໂຮງໝໍ

ysbyty

ໂຮງແຮມ

gwesty

ຮ້ານຂາຍຢາ

fferyllfa

ຫ້ອງການ

swyddfa

ຮ້ານຂາຍໜັງສື

siop lyfrau

ຮ້ານຄ້າ

siop

ຮ້ານຂາຍດອກໄມ້

siop flodau

ຊຸບເປີມາກເກັດ

archfarchnad

ຕະຫຼາດ

farchnad

ຫ້າງສັບພະສິນຄ້າ

siop adrannol

ຮ້ານຂາຍປາ

siop bysgod

ສູນການຄ້າ

canolfan siopa

ທ່າເຮືອ

harbwr

ສວນສາທາລະນະ
parc

ແປ້ນມ້າ
banc

ຂົວ
pont

ຂັ້ນໃດ
grisiau

ລົດໄຟໃຕ້ດິນ
rheilffordd danddaearol

ອຸໂມງ
twnnel

ປ້າຍລົດເມ
safle bws

ຮ້ານຂາຍເຫຼົ້າ
bar

ຮ້ານອາຫານ
bwyty

ຕູ້ໄປສະນີ
blwch post

ປ້າຍຊື່ຖະໜົນ
arwydd stryd

ມິເຕີເກັບຄ່າຝາກລົດ
mesurydd parcio

ສວນສັດ
sŵ

ສະລອຍນ້ຳ
pwll nofio

ວັດມຸດສະລິມ
mosg

ເມືອງ - dinas

13

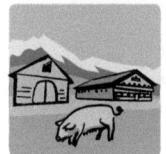

ຟາມ

fferm

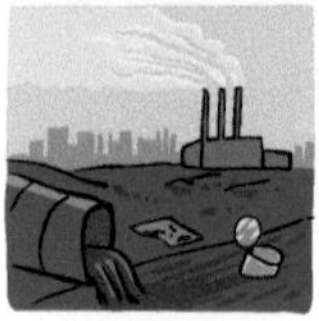

ມົນລະພິດ

llygredd

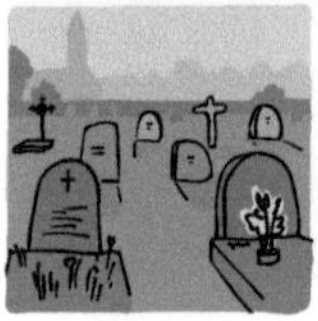

ສຸສານ

mynwent

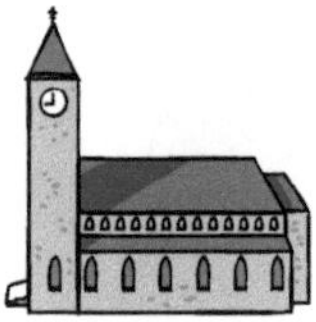

ໂບດ

eglwys

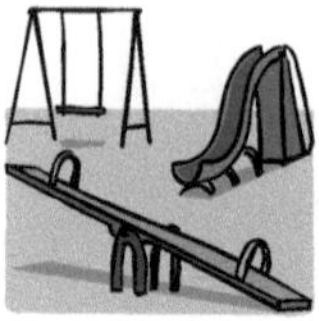

ເດີ່ນຫຼິ້ນຂອງເດັກນ້ອຍ

maes chwarae

ວັດມຸດສະລິມ

teml

ພູມິປະເທດ

tirwedd

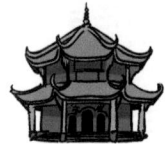

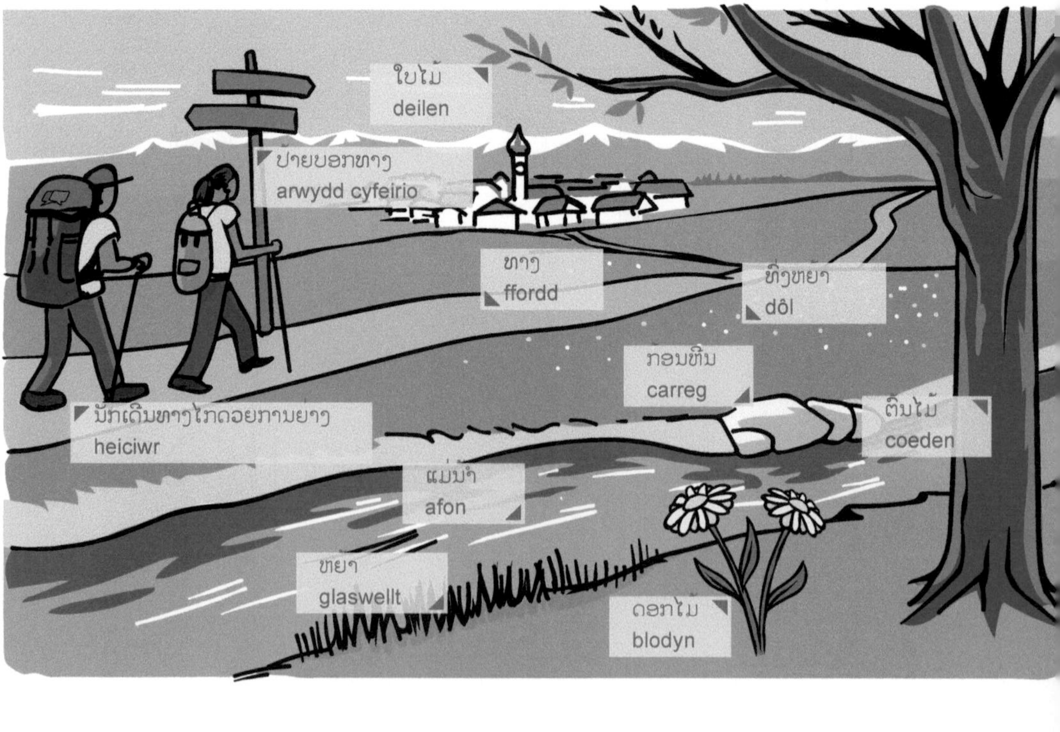

ໃບໄມ້
deilen
ປ້າຍບອກທາງ
arwydd cyfeirio
ທາງ
ffordd
ທົ່ງຫຍ້າ
dôl
ກ້ອນຫີນ
carreg
ນັກເດີນທາງໄກດອຍການຍ່າງ
heiciwr
ຕົ້ນໄມ້
coeden
ແມ່ນ້ຳ
afon
ຫຍ້າ
glaswellt
ດອກໄມ້
blodyn

ຮ່ອມພູ
cwm

ເນີນເຂົາ
bryn

ທະເລສາບ
llyn

ປ່າ
coedwig

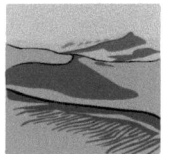

ທະເລຊາຍ
anialwch

ພູເຂົາໄຟ
llosgfynydd

ທຳປະສາດ
castell

ຮຸ້ງກິນນ້ຳ
enfys

ເຫັດ
madarchen

ຕົ້ນປາມ
palmwydden

ຍຸງ
mosgito

ແມງວັນ
pryf

ມົດ
morgrugyn

ເຜິ້ງ
gwenyn

ແມງມຸມ
pryf copyn

ແມງປີກແຂງ
chwilen

ກົບ
llyffant

ກະຮອກ
gwiwer

ເໝັ້ນ
draenog

ກະຕ່າຍປ່າ
ysgyfarnog

ນົກເຄົ້າ
tylluan

ນົກ
aderyn

ຫົງ
alarch

ໝູປ່າຕົວຜູ້
baedd

ກວາງ
carw

ກວາງໃຫຍ່
elc

ເຮື້ອນ
argae

ພະກັງປີນ
tyrbin gwynt

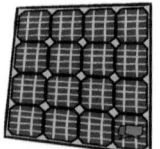

ແຜງໂຊລາເຊລ
panel haul

ສະພາບອາກາດ
hinsawdd

ຄົນເສີບຂາຍ
gweinydd

ລາຍການອາຫານ
bwydlen

ຕັ່ງມັ່ງ
cadair

ຊຸບ
cawl

ພິສຊາ
pitsa

ເຄື່ອງໃຊເທິງໂຕະອາຫານ
cyllyll a ffyrc

ຜາປູໂຕະ
lliain bwrdd

ອາຫານເລີ່ມຕົ້ນ

cwrs cyntaf

ອາຫານຈານຫຼັກ

prif gwrs

ຂອງຫວານ

pwdin

ເຄື່ອງດື່ມ

diodydd

ອາຫານ

bwyd

ຂວດແກ້ວ

potel

ອາຫານຈານດ່ວນ

bwyd cyflym

ຮ້ານຂ້າງທາງ

bwyd y stryd

ເຕົ້ານ້ຳຊາ

tebot

ຖ້ວຍນ້ຳຕານ

powlen siwgr

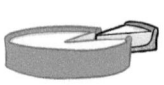

ສ່ວນແບ່ງອາຫານສຳລັບໜຶ່ງຄົນ

dogn

ເຄື່ອງຊົງກາເຟເອສເປຣສໂຊ

peiriant espresso

ເກົ້າອີ້ສູງ

cadair plentyn

ໃບເກັບເງິນ

bil

ຖາດ

hambwrdd

ມີດ

cyllell

ສ້ອມ

fforc

ບ່ວງ

llwy

ຊ້ອນຊາ

llwy de

ຜ້າເຊັດປາກຢູ່ໂຕະອາຫານ

napcyn

ຈອກແກ້ວ

gwydr

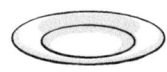

ຈານ

plât

ຈານຊຸບ

plât cawl

ຈານຮອງ

soser

ຊອສ

saws

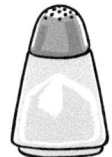

ກະປຸກເກືອ

pot halen

ກະປຸກພິກໄທ

melin bupur

ນ້ຳສົ້ມສາຍຊູ

finegr

ນ້ຳມັນພິດ

olew

ເຄື່ອງເທດ

sbeisys

ຊອສພາກເດີ່ມ

saws coch

ຜັກຈຳພວກຜັກກາດ

mwstard

ມາຍອນເນສ

mayonnaise

ຊູບເປີມາກເກັດ
archfarchnad

ຂໍ້ສະເໜີພິເສດ
cynnig arbennig
FOR
ລູກຄ້າ
cwsmer
ຜະລິດຕະພັນທີ່ເຮັດຈາກນົມ
cynnyrch llaeth
ໝາກໄມ້
ffrwythau
ລົດຊຸກ
troli

BUTCHERS
ຮ້ານຂາຍຊີ້ນ
siop gig

BAKERY
ຮ້ານຂາຍເຂົ້າໜົມປັງ
siop fara

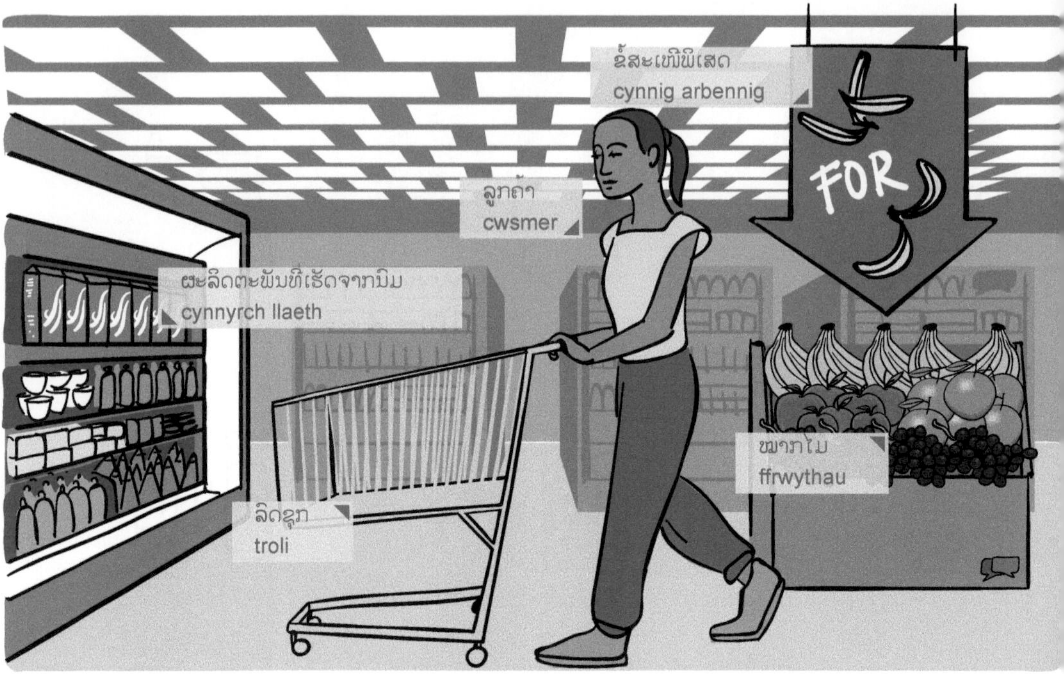

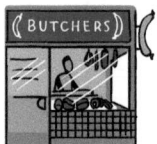

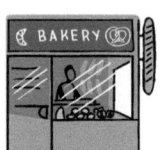

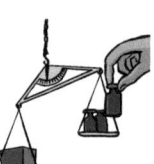

ຊັ່ງນ້ຳໜັກ
pwyso

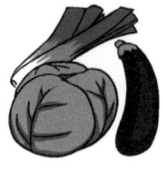

ຜັກ
llysiau

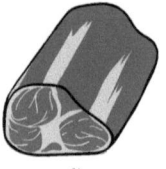

ຊີ້ນ
cig

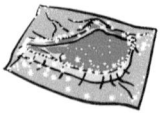

ອາຫານແຊ່ແຂງ
Bwyd wedi'i rewi

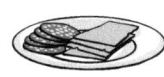

ຂົ້ມເຍັນ

cig oer

ອາຫານກະປ່ອງ

bwyd tun

ແຝ່ນຊັກເຄື່ອງ

powdr golchi

ເຂົ້າໜົມຫວານ

da-da

ຜະລິດຕະພັນໃນຄົວເຮືອນ

cynnyrch cartref

ຜະລິດຕະພັນທຳຄວາມສະອາດ

cynhyrchion glanhau

ພະນັກງານຂາຍຍິງ

gwerthwraig

ເຄື່ອງຄິດເງິນ

til

ພະນັກງານເກັບສິດ

ariannwr

ລາຍການຊື້ເຄື່ອງ

rhestr siopa

ເວລາເປີດເຮັດວຽກ

oriau agor

ກະເປົາເງິນ

waled

ບັດເຄຣດິດ

cerdyn credyd

ຖົງ

bag

ຖົງຍາງ

bag plastig

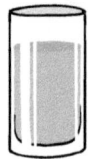

ນ້ຳ

dŵr

ນ້ຳໝາກໄມ້

sudd

ນົມ

llefrith

ໂຄກ

côc

ວາຍ

gwin

ເບຍ

cwrw

ເຫຼົ້າ

alcohol

ໂກໂກ້

coco

ຊາ

te

ກາເຟ

coffi

ເອສເປຣສໂຊ

espresso

ຄາປູຊີໂນ

cappuccino

ໝາກກ້ວຍ

ffrwchledd

ແອັບເປິ້ມ

afal

ໝາກກ້ຽງ

oren

ໝາກໂມ

melon

ໝາກນາວ

lemwn

ທິວກະຖິດ

moronen

ຜັກຫຽມ

garlleg

ຕົ້ນໄຜ່

bambŵ

ທອມບົ່ວ

nionyn

ເຫັດ

madarchen

ຖົ່ວ

cnau

ເສັ້ນໝີ່

nwdls

ສະປາແກັດຕີ້

sbageti

ເຂົ້າ

reis

ສະຫຼັດ

salad

ມັນຝຮັ່ງທອດ

sglodion

ມັນຝຮັ່ງທອດ

tatws wedi'u ffrïo

ພິສຊາ

pitsa

ແຮມເບີເກີ້

hambyrger

ແຊມອິດຈ໌

brechdan

ຊີ້ນຕິດກະດູກ

cytled

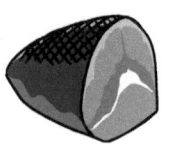

ແຮມ

ham

ໄສ້ກອກແຫ້ງຊາລາມິ

salami

ໄສ້ກອກ

selsig

ໄກ່

cyw iâr

ຢ້າງ

rhost

ປາ

pysgodyn

ເຂົ້າບຸງກເຂົ້າໂອດ

ceirch uwd

ອາຫານຊະນິດເປັນເມັດກອບ

miwsli

ເຂົ້າຢຸບເປັນບ່ຽງນ້ອຍໆ

creision ŷd

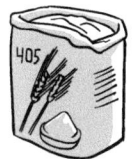

ເຂົ້າແປ້ງ

blawd

ເຂົ້າຈີ່ຊະນິດຂີ້ງມີຮູບເດືອນເຄິ່ງ
ຫວຍ

croissant

ເຂົ້າຫນົມປັງແບບມ້ອນ

bynsen

ເຂົ້າຫນົມປັງ

bara

ເຂົ້າຫນົມປັງປີ້ງ

tost

ເຂົ້າຫນົມປັງຊະນິດກ້ອນນ້ອຍ

bisgedi

ເນີຍ

menyn

ນ້ຳນົມແຂ້ນ

ceuled

ເຄກ

teisen

ໄຂ່

wy

ໄຂ່ດາວ

wy wedi'i ffrïo

ເນີຍແຂງ

caws

ອາຫານ - bwyd

ກະແລ້ມ
....
hufen iâ

ນ້ຳຕານ
....
siwgr

ນ້ຳເຜິ້ງ
....
mêl

ແຍມ
....
jam

ຊ້ອກໂກແລັດຄຣີມສະເປรດ
....
siocled taenu

ກະลี່
....
cyri

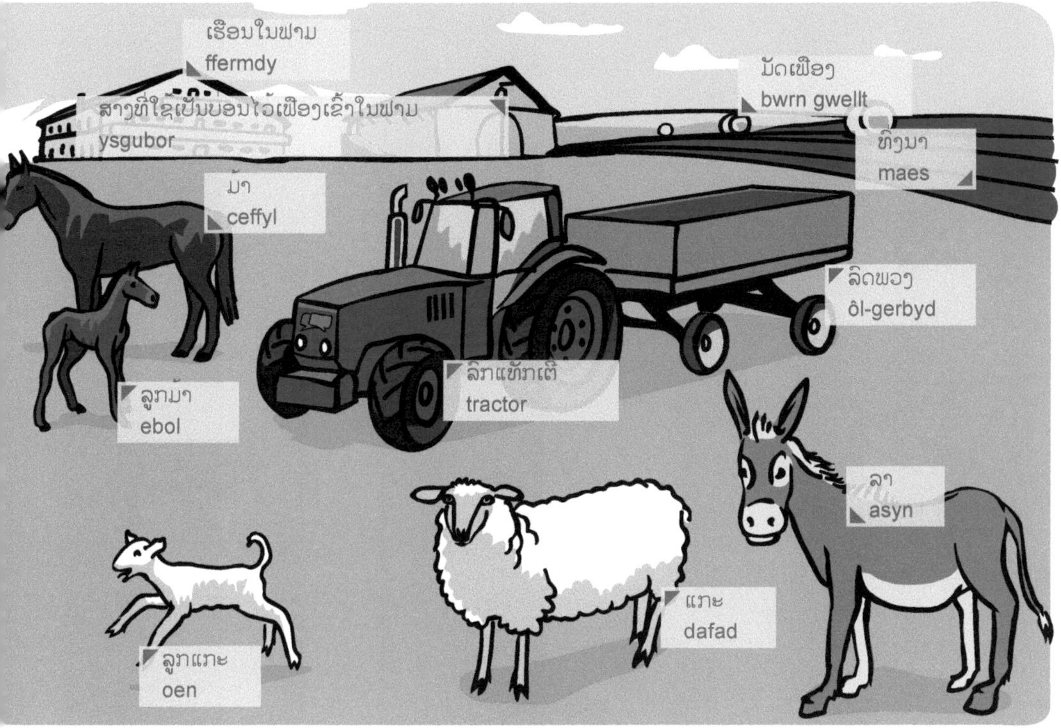

ເຮືອນໃນຟາມ
ffermdy

ສາງທີ່ໃຊ້ເປັນບ່ອນເກັບໄວ້ເຜືອງເຂົ້າໃນຟາມ
ysgubor

ມັດເຟືອງ
bwrn gwellt

ທົ່ງນາ
maes

ມ້າ
ceffyl

ລົດພວງ
ôl-gerbyd

ລູກມ້າ
ebol

ລົດແທັກເຕີ້
tractor

ລາ
asyn

ແກະ
dafad

ລູກແກະ
oen

ແກະ
gafr

ງົວຕົວແມ່
buwch

ລູກງົວ
llo

ໝູ
mochyn

ລູກໝູ
porchell

ງົວຕົວຜູ້
tarw

ຫ່ານ

gwydd

ເປັດ

hwyaden

ລູກໄກ່

cyw

ແມ່ໄກ່

iâr

ໄກ່ຜູ້

ceiliog

ໜູ

llygoden fawr

ແມວ

cath

ໜູ

llygoden

ວົງຕົວຜູ້

ych

ໝາ

ci

ຄອກໝາ

cwt ci

ສາຍທໍ່ຍາງໆທີ່ໃຊ້ໃນສວນ

pibell ddŵr

ຂໍ້ຫິດຕົ້ນໄມ້

can dŵr

ກ່ຽວດ້າມຍາວ

pladur

ຄັນໄຖ

aradr

ກ່ຽວ
cryman

ຈົກ
fforch chwynu

ຄາດ
picwarch

ຂວານ
bwyell

ລົດຍູ້ລໍ້ດຽວ
berfa

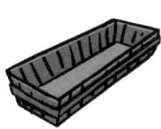

ຫາງລົນ
cafn

ປ່ອງນົມ
tun llefrith

ກະສອບ
sach

ຮົ້ວ
ffens

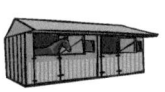

ຄອກມ້າ
stabl

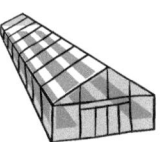

ເຮືອນກະຈົກ
tŷ gwydr

ດິນ
pridd

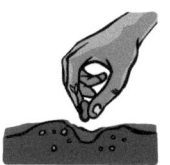

ແກ່ນ
hedyn

ປຸ໋ຍ
gwrtaith

ເຄື່ອງກ່ຽວເຂົ້າ
dyrnwr medi

ເກັບກ່ຽວ

cynaeafu

ການເກັບກ່ຽວ

cynhaeaf

ເຜືອກ

iamau

ເຂົ້າສາລີ

gwenith

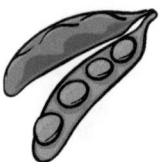

ຖົ່ວເຫຼືອງ

soi

ມັນຝຣັ່ງ

tysen

ເຂົ້າໂພດ

grawn

ດອກເຣພຊິດ

had rêp

ຕົ້ນໄມ້ທີ່ອອກໝາກ

coeden ffrwythau

ມັນຕົ້ນ

manioc

ພິດຊະນິດເມັດ

grawnfwydydd

ເຮືອນ

tŷ

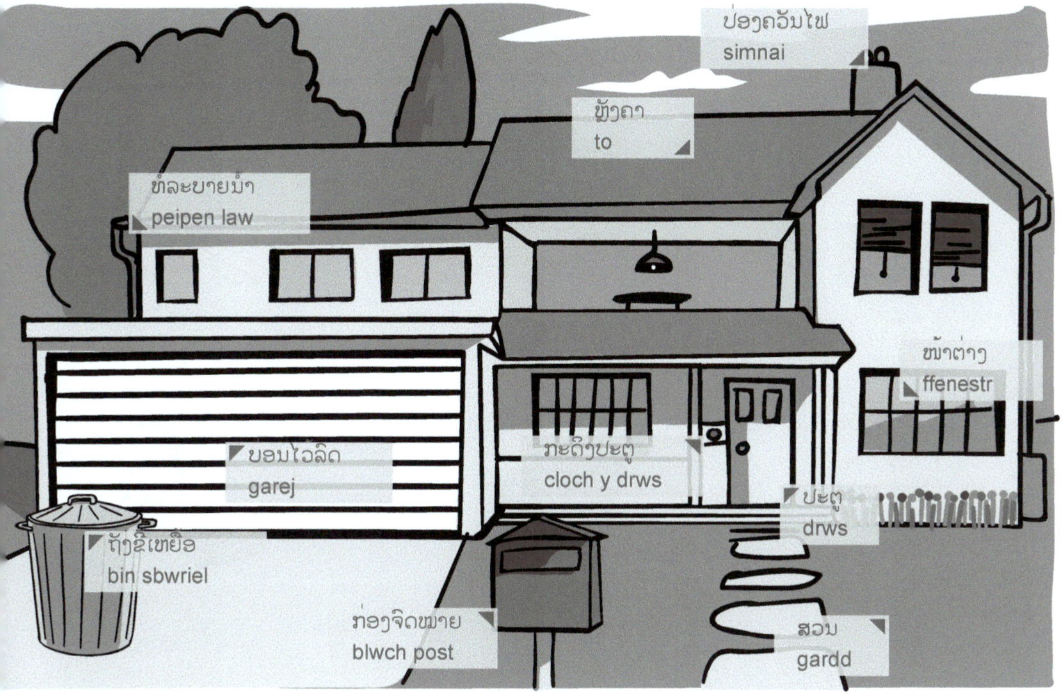

ປ່ອງຄວັນໄຟ
simnai
ຫຼັງຄາ
to
ທໍ່ລະບາຍນໍ້າ
peipen law
ໜ້າຕ່າງ
ffenestr
ບ່ອນໄວ້ລົດ
garej
ກະດິ່ງປະຕູ
cloch y drws
ປະຕູ
drws
ຖັງຂີ້ເຫຍື້ອ
bin sbwriel
ກ່ອງຈົດໝາຍ
blwch post
ສວນ
gardd

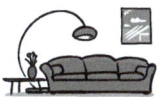

ຫ້ອງຮັບແຂກ
....
lolfa

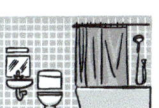

ຫ້ອງນໍ້າ
....
ystafell ymolchi

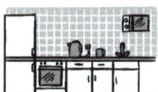

ຫ້ອງຄົວ
....
cegin

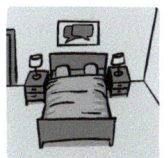

ຫ້ອງນອນ
....
ystafell wely

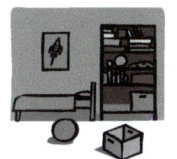

ຫ້ອງພັກສໍາລັບເດັກນ້ອຍ
....
ystafell plentyn

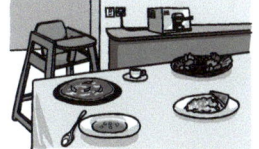

ຫ້ອງອາຫານ
....
ystafell fwyta

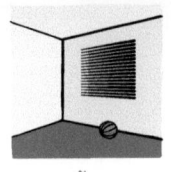

ພື້ນ
....
llawr

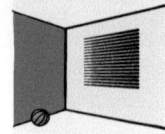

ຝາຜະໜັງ
....
wal

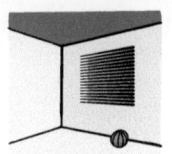

ເພດານ
....
nenfwd

ຫ້ອງເກັບເຄື່ອງໃຕ້ດິນ
....
seler

ຫ້ອງອົບອາຍນ້ຳ
....
sawna

ລະບຽງ
....
balconi

ຊຸ້ມຕາມຂ້າງພູ
....
teras

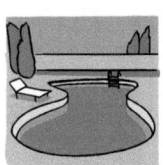

ສະລອຍນ້ຳ
....
pwll

ເຄື່ອງຕັດຫຍ້າ
....
peiriant torri gwair

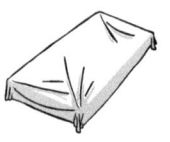

ຜ້າປູບ່ອມນອນ
....
taflen

ຜ້າປູຽງ
....
gorchudd gwely

ຽງ
....
gwely

ຟອຍ
....
ysgub

ຖຸ
....
bwced

ສະວິດ
....
swits

ຫ້ອງຮັບແຂກ

lolfa

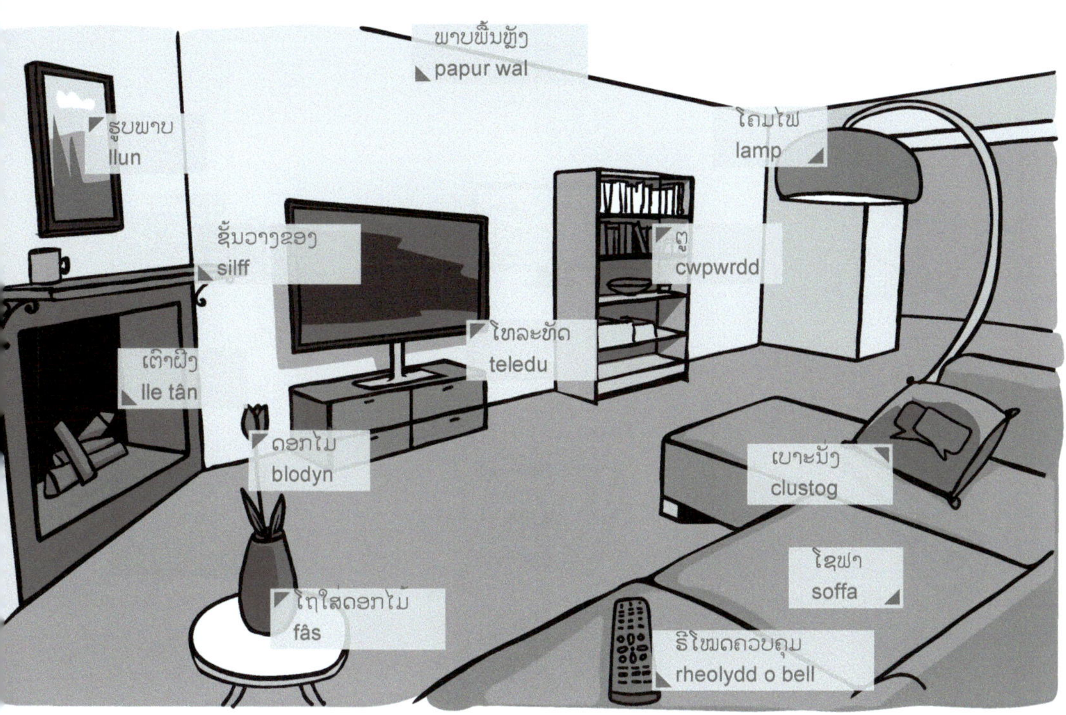
ພາບພື້ນຫຼັງ
papur wal
ຮູບພາບ
llun
ໂຄມໄຟ
lamp
ຊັ້ນວາງຂອງ
silff
ຕູ້
cwpwrdd
ໂທລະທັດ
teledu
ເຕົາຜີງ
lle tân
ດອກໄມ້
blodyn
ເບາະນັ່ງ
clustog
ໂຊຟາ
soffa
ໂຖໃສ່ດອກໄມ້
fâs
ຣີໂໝດຄວບຄຸມ
rheolydd o bell

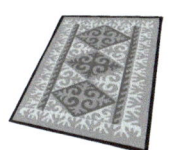

ພົມປູພື້ນ

carped

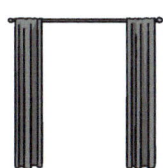

ຜ້າກັ້ງ

llen

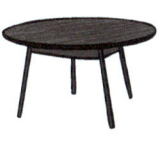

ໂຕະ

bwrdd

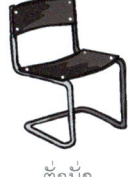

ຕັ່ງນັ່ງ

cadair

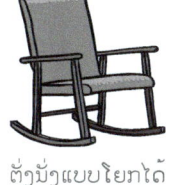

ຕັ່ງນັ່ງແບບໂຍກໄດ້

cadair siglo

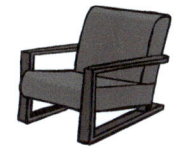

ຕັ່ງນັ່ງທີ່ມີບ່ອນວາງແຂນ

cadair freichiau

ໜັງສື

llyfr

ຜ້າຫົ່ມ

blanced

ຂອງຕົກແຕ່ງ

addurn

ຟືນ

coed tân

ຮູບເງົາ

ffilm

ເຄື່ອງສຽງລະບົບໄຮໄຟ

hi-fi

ກະແຈ

agoriad

ໜັງສືພິມ

papur newydd

ການແຕ້ມຮູບ

darlun

ໂປສເຕີ

poster

ວິທະຍຸ

radio

ແຜ່ນບັນທຶກ

llyfr nodiadau

ເຄື່ອງດູດຝຸ່ນ

hwfer

ຕົ້ນກະບອງເພັດ

cactws

ທຽນໄຂ

cannwyll

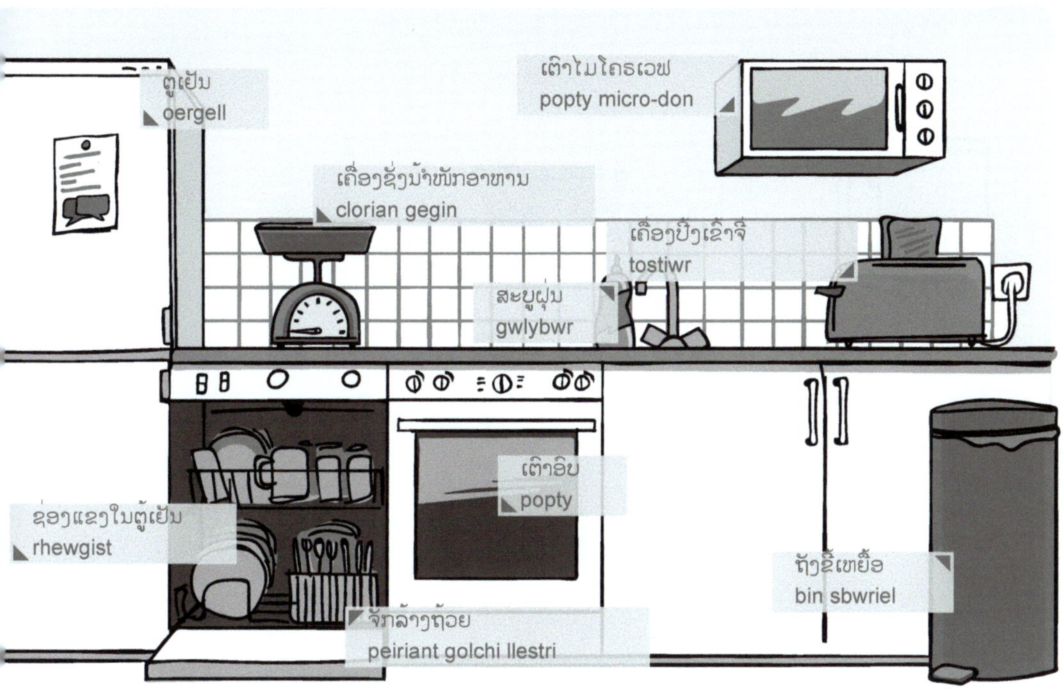

ຕູ້ເຢັນ
oergell

ເຕົາໄມໂຄຣເວຟ
popty micro-don

ເຄື່ອງຊັ່ງນ້ຳໜັກອາຫານ
clorian gegin

ເຄື່ອງປີ້ງເຂົ້າຈີ່
tostiwr

ສະບູຝຸ່ນ
gwlybwr

ຊ່ອງແຊ່ງໃນຕູ້ເຢັນ
rhewgist

ເຕົາອົບ
popty

ຖັງຂີ້ເຫຍື້ອ
bin sbwriel

ຈັກລ້າງຖ້ວຍ
peiriant golchi llestri

ໝໍ້ຕົ້ມ
....
popty

ໝໍ້
....
pot

ໝໍ້ເຫຼັກກ່ຳ
....
pot haearn bwrw

ໝໍ້ກະທະຈີມ
....
wok / kadai

ໝໍກະທະກົ້ນແບນ
....
padell

ກາຕົ້ມນ້ຳ
....
tegell

ໝໍ້ໄອນ້ຳ

sosban stemio

ຖາດອົບ

hambwrdd pobi

ເຄື່ອງຖ້ວຍຊາມ

llestri

ຈອກກາເຟ

mwg

ຖ້ວຍ

powlen

ໄມ້ທູ່

gweill bwyta

ຈອງດ້າມຍາວ

lletwad

ຕະຫຼິວ

ysbodol

ເຄື່ອງຕີໄຂ່

chwisg

ກະຊອນ

hidlydd

ເຄື່ອງຊ່ອນ

gogr

ເຫຼັກຂູດ

gratiwr

ຄົກ

morter

ບາບີຄິວ

barbeciw

ແຄມໄຟຫຼາອອນ

tân agored

ຂຽງ

bwrdd torri cig

ໄມ້ບົດແປ້ງ

rholbren

ເຜີກໄຂດອນແກ້ວ

tynnwr corcyn

ກະປ໋ອງ

tun

ເຄື່ອງເປີດກະປ໋ອງ

peth agor tuniau

ຖົງມືຈັບຂອງຮ້ອນ

clwt pot

ອ່າງລ້າງຈານ

sinc

ແປງ

brws

ຟອງນ້ຳ

sbwng

ເຄື່ອງປັ່ນ

peiriant cymysgu

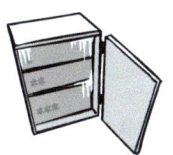

ຕູ້ແຊ່ແຂງ

rhewgell

ຂວດນົມ

potel babi

ກ໊ອກນ້ຳ

tap

ystafell ymolchi

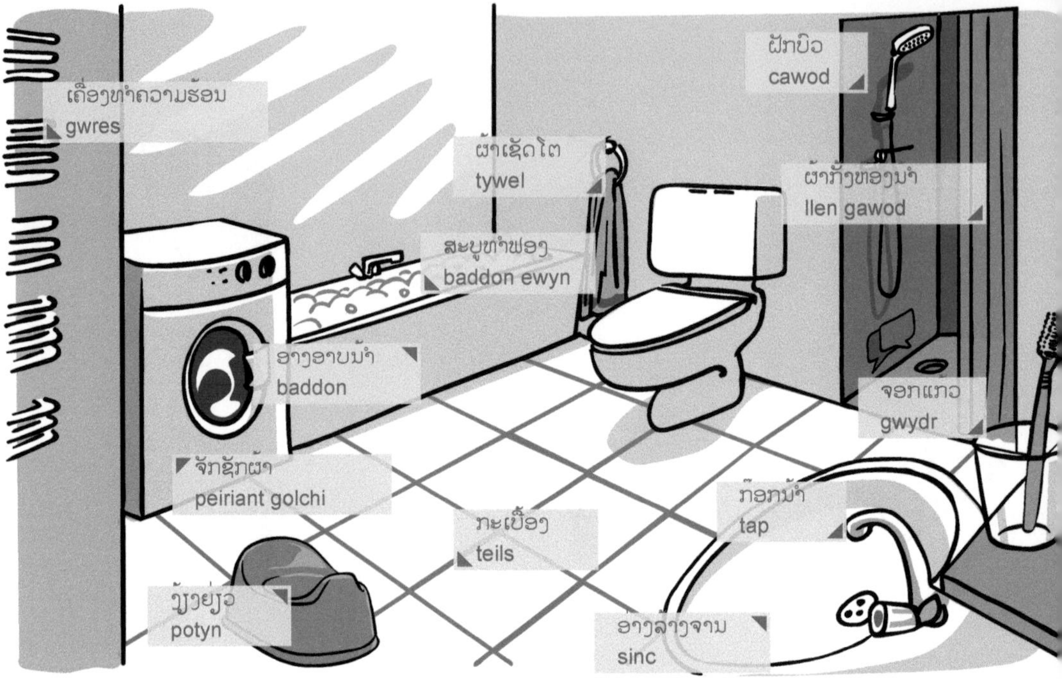
ເຄື່ອງທຳຄວາມຮ້ອນ
gwres
ຝັກບົວ
cawod
ຜ້າເຊັດໂຕ
tywel
ຜ້າກັ້ງຫ້ອງນ້ຳ
llen gawod
ສະບູທຳຟອງ
baddon ewyn
ອ່າງອາບນ້ຳ
baddon
ຈອກແກ້ວ
gwydr
ຈັກຊັກຜ້າ
peiriant golchi
ກ໊ອກນ້ຳ
tap
ກະເບື້ອງ
teils
ໂຖຍ່ຽວ
potyn
ອ່າງລ້າງຈານ
sinc

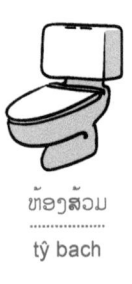

ຫ້ອງສ້ວມ

tŷ bach

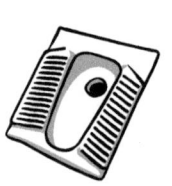

ໂຖສ້ວມແບບນັ່ງຍອງ

toiled cyrcydu

ໂຖຍ່ຽວຂອງຜູ້ຍິງ

bidet

ໂຖຍ່ຽວຂອງຜູ້ຊາຍ

troethfa

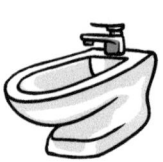

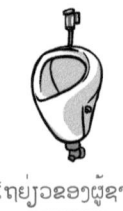

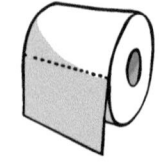

ກະດາດຊຳລະທີ່ໃຊ້ໃນຫ້ອງນ້ຳ

papur tŷ bach

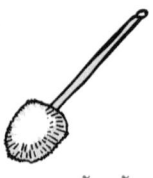

ແປງຂັດຫ້ອງນ້ຳ

brws tŷ bach

ແປງສີຟັນ

brws dannedd

ຢາສິຟັນ

past dannedd

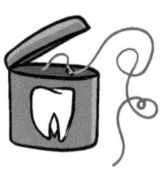

ໄໝຂັດແຂ້ວ

edau ddannedd

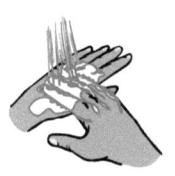

ລ້າງ

golchi

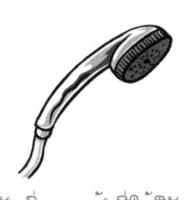

ຝັກບົວອາບນ້ຳທີ່ໃຊ້ມືຈັບ

cawod llaw

ເຄື່ອງສີດລ້າງ

golchfa

ອ່າງລ້າງໜ້າ

basn

ແປງຖູຫົວ

brws-ôl

ສະບູ

sebon

ເຈລອາບນ້ຳ

gel cawod

ແຊມພູ

siampŵ

ຜ້າຖູໂຕນ້ອຍ

gwlanen

ທີ່ລະບາຍນ້ຳເສຍ

ffos

ຄີມ

hufen

ຢາດັບກິ່ນ

diaroglydd

ແອ່ນແຍງ

drych

ແອ່ນມືຖື

drych llaw

ມິດແຖຂວດ

rasel

ໂຟມແຖຂວດ

ewyn eillio

ໂລຊັ່ນບ້າລຸຜິວຫຼັງແຖຂວດ

sent eillio

ຫວີ

crib

ແປງ

brws

ຈັກເປົ່າຜົມ

sychwr gwallt

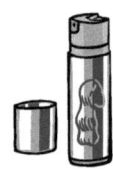

ສະເປຂີດຜົມ

chwistrell gwallt

ຊຸດເຄື່ອງສຳອາງ

colur

ລິບສະຕິກທາສົບ

minlliw

ນ້ຳຢາທາເລັບ

farnais ewinedd

ສຳລີ

gwlân cotwm

ມິດຕັດເລັບ

siswrn ewinedd

ນ້ຳຫອມ

persawr

ຫ້ອງນ້ຳ - ystafell ymolchi

ກະເປົ໋າອາບນ໌ໍາ
....
bag ymolchi

ຕັ໋ງສາມຂາ
....
stôl

ເຄື່ອງຊັ່ງນ໌ໍາພັກ
....
clorian

ເສື້ອຄຸມອາບນ໌ໍາ
....
gŵn baddon

ຖົງມືຢາງ
....
menig rwber

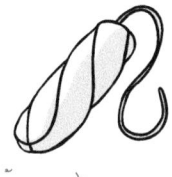

ຜ້າອະນາໄມແບບສອດ
....
tampon

ຜ້າອະນາໄມ
....
tywel misglwyf

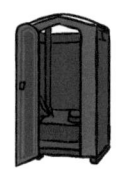

ຫ້ອງນ໌ໍາເຄມິ
....
toiled cemegol

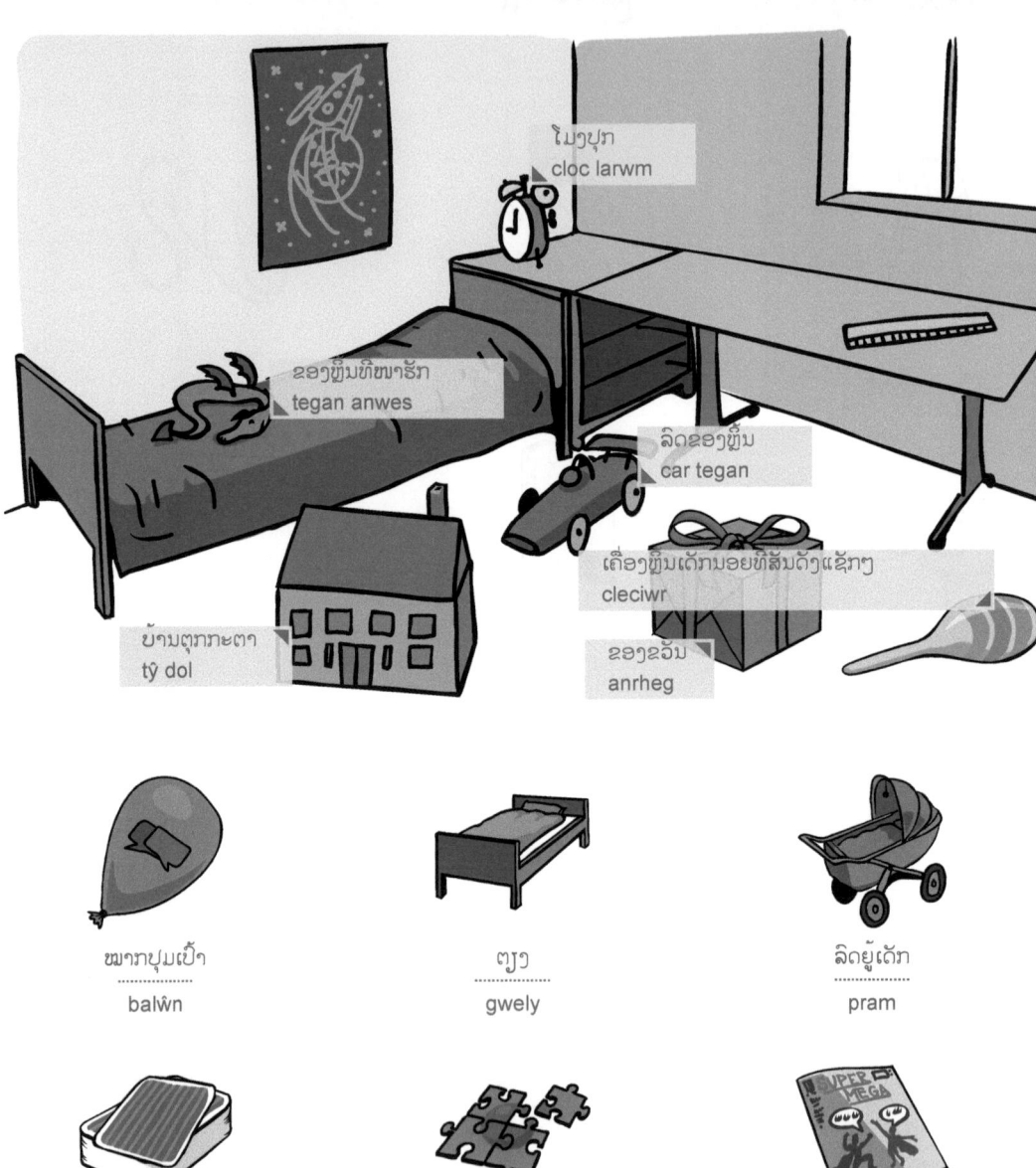

ໂມງປຸກ
cloc larwm

ຂອງຫຼິ້ນທີ່ຂາຮັກ
tegan anwes

ລົດຂອງຫຼິ້ນ
car tegan

ເຄື່ອງຫຼິ້ນເດັກນ້ອຍທີ່ສັ່ນດັງແຊ້ກໆ
cleciwr

ບ້ານຕຸກກະຕາ
tŷ dol

ຂອງຂວັນ
anrheg

ໝາກບຸມເປົ້າ
balŵn

ຕຽງ
gwely

ລົດຍູ້ເດັກ
pram

ຊຸມໄພ້
pecyn o gardiau

ຈິກຊໍ
jig-so

ໜັງສືກາຕູນ
comic

ຕິວຕໍ່ເລໂກ້
brics Lego

ບລ໋ອກຂອງຫຼິ້ນ
blociau adeiladu

ຮູບປັ້ນທີ່ເຄື່ອນໄຫວໄດ້
ffigur gweithredu

ເສື້ອຜ້າເດັກເກີດໃໝ່
babygro

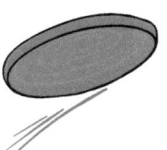

ຈານບິນ
ffrisbi

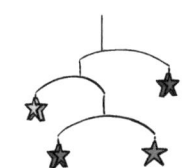

ສິ່ງທີ່ແກວ່ງໄປມາແຂນຢູ່ເທິງທິວ
ຫ້ງເດັກນ້ອຍ
ffôn symudol

ເກມກະດານ
gêm fwrdd

ໝາກກະລ໋ອກ
deis

ຊຸດລົດໄຟຈຳລອງ
set model trên

ຮູບທຸ່ມ
teth lwgu

ງານລ້ຽງ
parti

ໜັງສືພາບ
llyfr lluniau

ໝາກບານ
pêl

ຕຸກກະຕາ
dol

ຫຼິ້ນ
chwarae

ຂຸມດິນຊາຍສຳລັບເດັກນ້ອຍຫຼິ້ນ

pwll tywod

ຊິງຊ້າ

swing

ຂອງຫຼິ້ນ

teganau

ເຄື່ອງຫຼິ້ນວິດີໂອເກມ

consol gemau fideo

ລົດຖີບສາມລໍ້

beic tair olwyn

ຕຸກກະຕາໝີ

tedi

ຕູ້ເສື້ອຜ້າ

cwpwrdd dillad

ເສື້ອຜ້າ

dillad

ລອງເທົ້າ

hosanau

ຖົງເທົ້າຍາວຜູ້ຍິງ

hosanau

ໄສ້ງຢືດແບບເນື້ອ

teits

ຜ້າພັນຄໍ
sgarff

ສາຍແອວ
gwregys

ຄັ່ມຮົ່ມ
ymbarél

ເສື້ອຍຶດຄໍມົນ
crys-t

ເກີບກິລາ
esidiau ymarfer

ເກີບບູດທ
esgidiau

ເກີບແຕະ
sliperi

ເກີບຊັງດານ
....
sandalau

ເກີບ
....
esgidiau

ເກີບບູດທ໌ຍາງ
....
esgidiau rwber

ໂສ້ງຊ້ອນໃນ
....
trôns

ເສື້ອຊ້ອນໃນ
....
bra

ເສື້ອມກ້າມ
....
fest

ເສື້ອຜ້າ - dillad

45

ເສື້ອຮັດທຸ່ມ

corff

ໂສ້ງຂາຍາວ

trowsus

ໂສ້ງຍິນ

jîns

ກະໂປ່ງ

sgert

ເສື້ອຜູ້ຍິງ

blows

ເສື້ອເຊິດ

crys

ເສື້ອກັນຫນາວ

pwlofer

ເສື້ອຖຸມມີຫມວກ

hwdi

ເສື້ອໃຫຍ່ທີ່ຕິດກາໂຮງຮຽນຫຼືກາທິມກິລາ

blaser

ເສື້ອແຈັກເກັດ

siaced

ເສື້ອນອກ

côt

ເສື້ອກັນຝົນ

côt law

ເຄື່ອງແຕ່ງກາຍ

gwisg

ກະໂປ່ງ

gŵn

ຊຸດແຕ່ງງານ

gwisg briodas

ເສື້ອສູດ

siwt

ຊຸດລາຕິ

gŵn nos

ຊຸດນອນ

pyjamas

ຊຸດຊາຣີ

sari

ຜ້າຄຸມຫົວ

sgarff pen

ຜ້າພັນຫົວ

tyrban

ເສື້ອບຸຣເຄາະ

bwrca

ເສື້ອຄຸມຄາຟຕານ

cafftan

ເສື້ອຄຸມອາບາຍາ

abaya

ຊຸດລອຍນ້ຳ

gwisg nofio

ໂສ້ງໃສ່ລອຍນ້ຳ

trowsus nofio

ໂສ້ງຂາສັ້ນ

siorts

ຊຸດວອມ

tracwisg

ຜ້າກັນເປື້ອນ

ffedog

ຖົງມື

menig

ກະດຸມ

botwm

ແວ່ນຕາ

sbectol

ປອກແຂນ

breichled

ສ້ອຍຄໍ

cadwyn

ແຫວນ

modrwy

ຕຸ້ມຫູ

clustdlws

ໝວກແກັບ

cap

ກ້າງແຂນເສື້ອນອກ

cambren

ໝວກ

het

ກາລະຫວັດ

tei

ຊິບ

sip

ໝວກກັນກະທົບ

helmed

ສາຍໂຍງໂສ້ງ

fframiau danedd

ຊຸດນັກຮຽນ

gwisg ysgol

ເຄື່ອງແບບ

gwisg

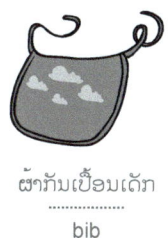

ຜ້າກັນເປື້ອນເດັກ

bib

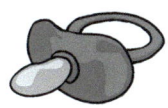

ຮູບຫຸ່ນ

teth lwgu

ຜ້າອ້ອມ

cewyn

ຫ້ອງການ

swyddfa

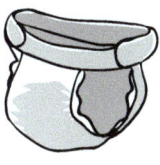

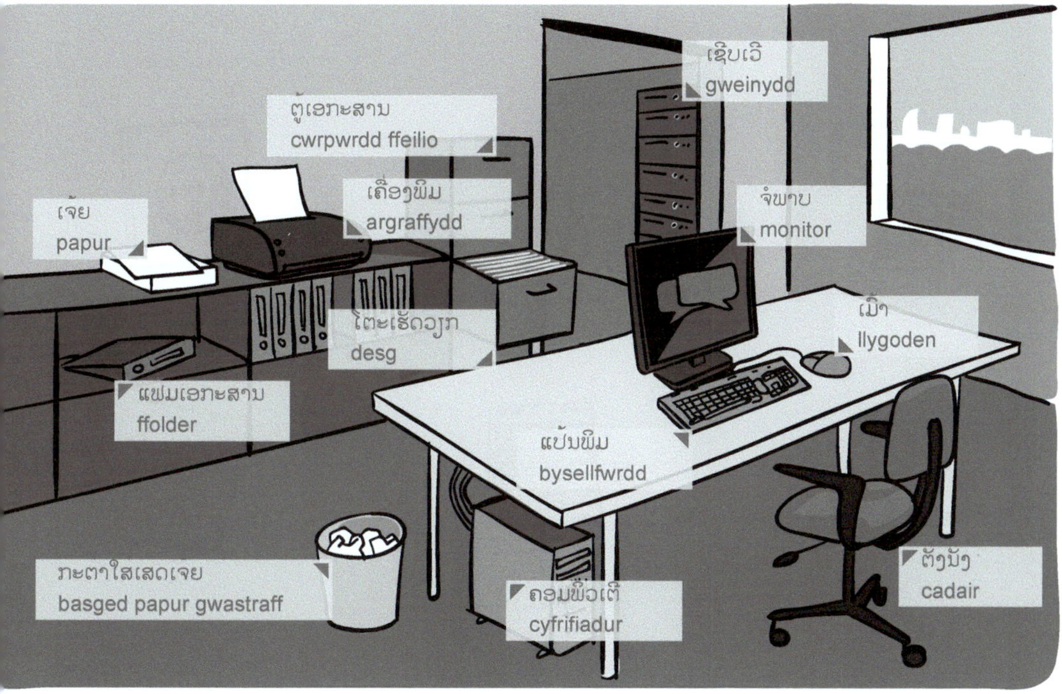
ເຊີບເວີ
gweinydd
ຕູ້ເອກະສານ
cwrpwrdd ffeilio
ເຄື່ອງພິມ
argraffydd
ເຈ້ຍ
papur
ຈໍພາບ
monitor
ໂຕະເຮັດວຽກ
desg
ເມົ້າ
llygoden
ແຟ້ມເອກະສານ
ffolder
ແປ້ນພິມ
bysellfwrdd
ກະຕາໃສ່ເສດເຈ້ຍ
basged papur gwastraff
ຄອມພິວເຕີ
cyfrifiadur
ຕັ່ງນັ່ງ
cadair

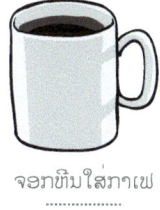

ຈອກຫົນໃສ່ກາເຟ

mwg coffi

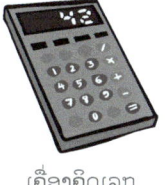

ເຄື່ອງຄິດເລກ

cyfrifiannell

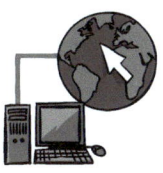

ອິນເຕີເນັດ

rhyngrwyd

ຄອມພິວເຕີ້ແລັບທັອບ

gliniadur

ຈົດໝາຍ

llythyr

ຂໍ້ຄວາມ

neges

ໂທລະສັບມືຖື

ffôn symudol

ເຄືອຂ່າຍ

rhwydwaith

ເຄື່ອງຖ່າຍເອກະສານ

llungopïwr

ຊອບແວ

meddalwedd

ໂທລະສັບ

teleffon

ປັກໄຟ

soced plwg

ເຄື່ອງແຟັກ

peiriant ffacs

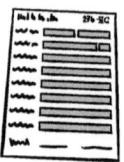

ແບບຟອມ

ffurflen

ເອກະສານ

dogfen

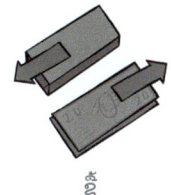

ຊື້

prynu

ຈ່າຍ

talu

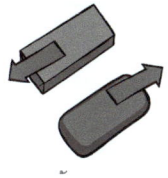

ຖ້າຂາຍ

masnachu

ເງິນ

arian

ເງິນດອນລາ

doler

ເງິນຢູໂຣ

ewro

ເງິນເຢນ

yen

ເງິນຣູເບິ໌ລ

rwbl

ເງິນຝຣັ່ງສະວິດ

ffranc y Swistir

ເງິນຢວນເຣັນໝິນບີ້

yuan renminbi

ເງິນຣູປີ

rwpi

ເຄື່ອງສໍາລັບກົດເງິນສົດຈາກທະບ
ໆຄານ

peiriant arian

ບ່ອນແລກປ່ຽນເງິນຕາ

swyddfa gyfnewid

ທອງຄຳ

aur

ເງິນ

arian

ນ້ຳມັນ

olew

ພະລັງງານ

ynni

ລາຄາ

pris

ສັນຍາ

contract

ພາສີ

treth

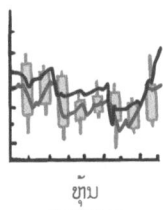

ຫຸ້ນ

stoc

ເຮັດວຽກ

gweithio

ລູກຈ້າງ

cyflogai

ນາຍຈ້າງ

cyflogwr

ໂຮງງານ

ffatri

ຮ້ານຄ້າ

siop

ອາຊີບ

swyddi

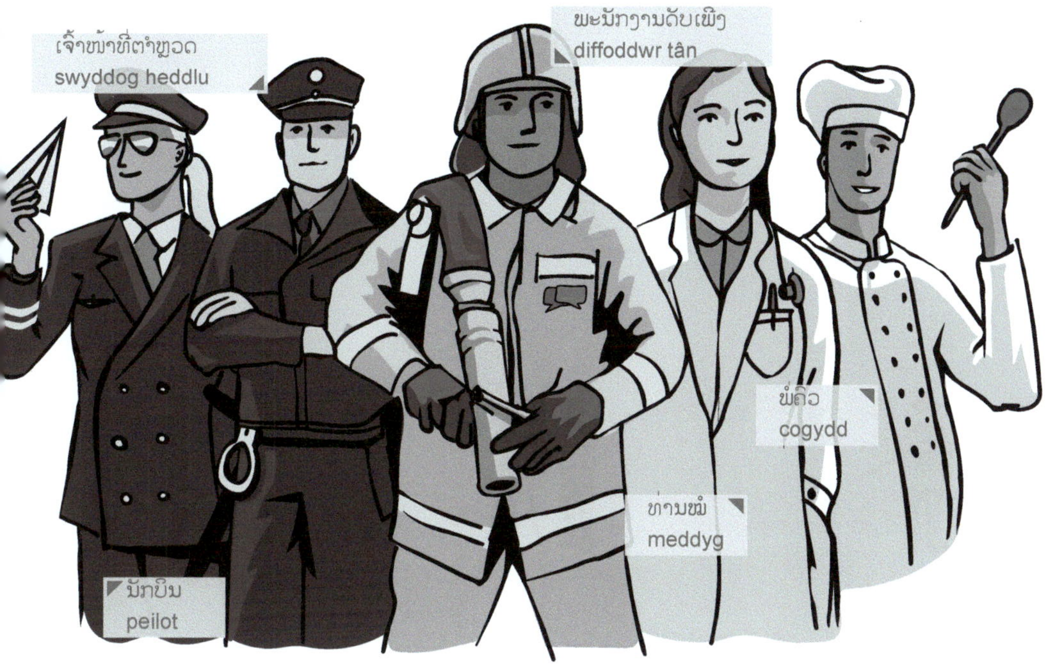
ເຈົ້າໜ້າທີ່ຕຳຫຼວດ
swyddog heddlu
ພະນັກງານດັບເພີງ
diffoddwr tân
ພໍ່ຄົວ
cogydd
ທ່ານໝໍ
meddyg
ນັກບິນ
peilot

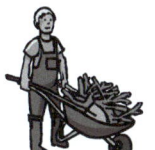

ຊາວສວນ

garddwr

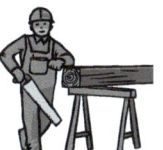

ຊ່າງໄມ້

saer

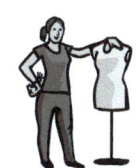

ຊ່າງຫຍິບຜ້າທີ່ເປັນຜູ້ຍິງ

gwniadwraig

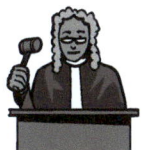

ຜູ້ພິພາກສາ

barnwr

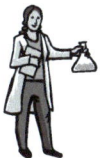

ນັກເຄມີ

fferyllydd

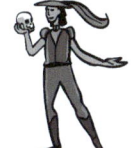

ນັກສະແດງຊາຍ

actor

ຄົນຂັບລົດເມປະຈຳທາງ

gyrrwr bws

ຄົນຂັບແທັກຊີ

gyrrwr tacsi

ຊາວປະມົງ

pysgotwr

ແມ່ບ້ານທຳຄວາມສະອາດ

glanhawraig

ຊ່າງມຸງຫຼັງຄາ

töwr

ຄົນເສີບຂາຍ

gweinydd

ນາຍພານ

heliwr

ຊ່າງທາສີ

paentiwr

ຄົນເຮັດເຂົ້າຈີ່ຂົນມປັ່ງ

pobydd

ຊ່າງໄຟຟ້າ

trydanwr

ຊ່າງກໍ່ສ້າງ

adeiladwr

ວິສະວິກອນ

peiriannydd

ຄົນຂາຍຊີ້ນ

cigydd

ຊ່າງນ້ຳປະປາ

plymiwr

ບູລຸດໄປສະນີ

dyn y post

ທະຫານ

milwr

ສະຖາປະນຶກ

pensaer

ພະນັກງານເກັບລິດ

ariannwr

ຄົນຂາຍດອກໄມ້

gwerthwr blodau

ຊ່າງແຕ່ງຜົມ

triniwr gwallt

ພະນັກງານກວດປີ້ລົດ

archwiliwr tocynnau
rheilffordd

ຊ່າງສ້ອມລົດຍົນ

mecanydd

ຜູ້ບັງຄັບການ

capten

ໝໍປົວແຂ້ວ

deintydd

ນັກວິທະຍາສາດ

gwyddonydd

ພະໃນສາສະໜາຢິວ

rabi

ຜູ້ນຳຂາວມຸສລິມ

imam

ຄູບາ

mynach

ນັກບວດ

clerigwr

ເຄື່ອງມື

offer

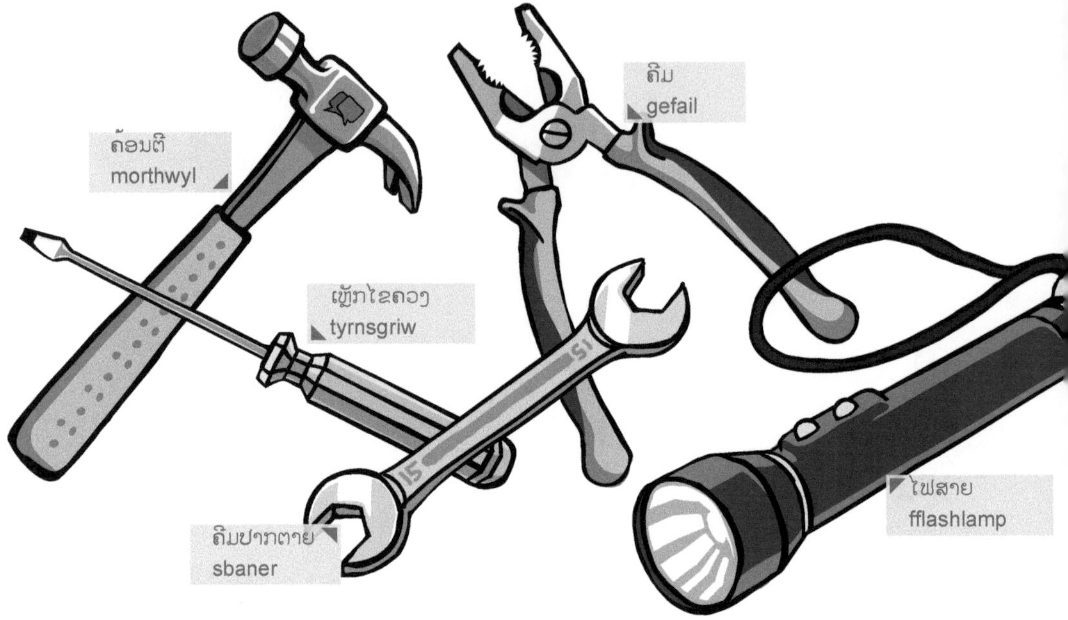

ຄ້ອນຕີ
morthwyl
ຄີມ
gefail
ເຫຼັກໄຂຄວງ
tyrnsgriw
ຄີມປາກຕາຍ
sbaner
ໄຟສາຍ
fflashlamp

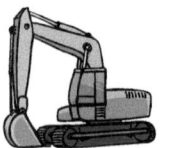

ເຄື່ອງຂູດ

turiwr

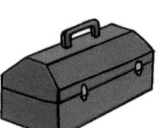

ກັບເຄື່ອງມື

blwch offer

ຂັ້ນໄດ

ysgol

ເລື່ອຍ

llif

ຕະປູ

hoelion

ເຫຼັກຊີ

dril

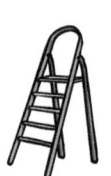

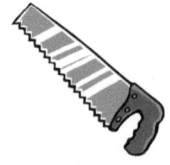

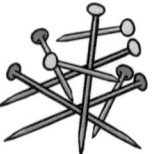

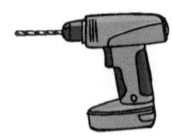

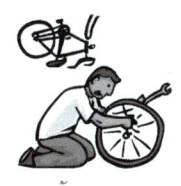

ສ້ອມແປງ

trwsio

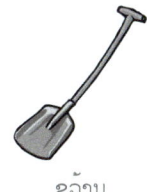

ຊວ້ານ

rhaw

ຕາຍຫ່າ!

Daria!

ຂອງຊວ້ານຂີ້ເຫຍື້ອ

rhaw lwch

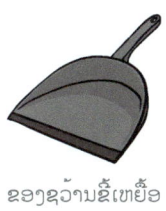

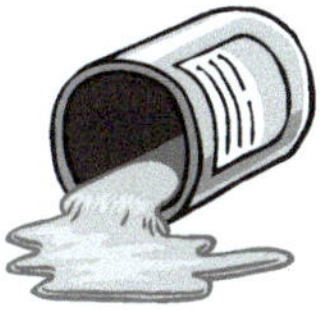

ຖັງສີ

pot paent

ຕະປູກຽວ

sgriwiau

ເຄື່ອງດົນຕີ
offerynnau cerdd

ລຳໂພງ
uchelseinydd
ກອງຊຸດ
set drymiau
ກີຕ້າ
gitâr
ດັບເບີລເບສ
bas dwbl
ແກທອງເຫຼືອງ
trwmped

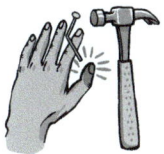

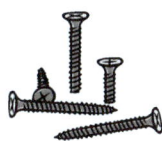

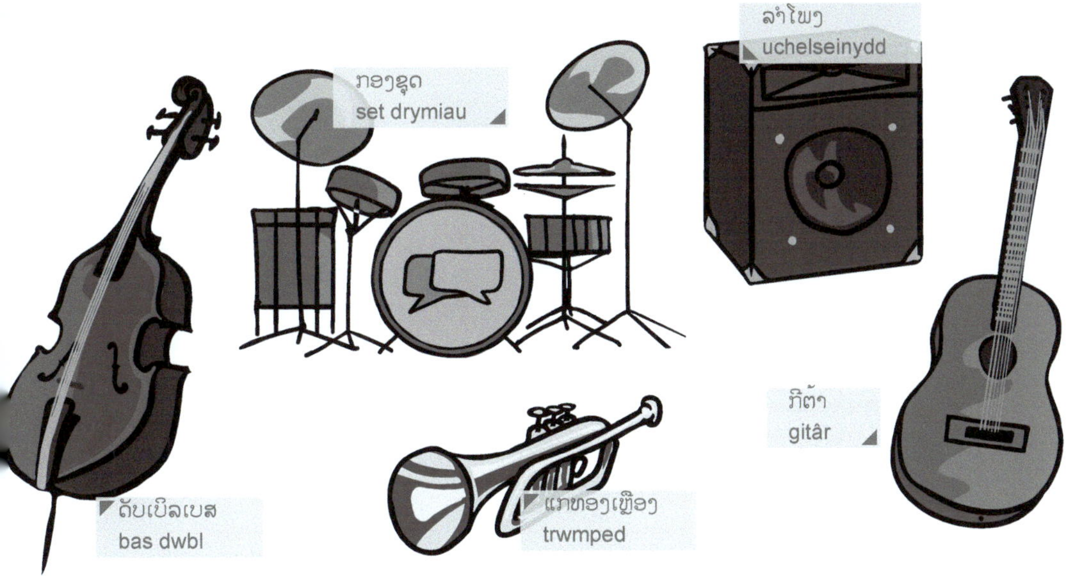

ເປຍໂນ

piano

ໄວໂອລິນ

ffidil

ເບສ

bas

ກອງທິມປານິ

timpani

ກອງຊຸດ

drymiau

ຄີບອດ

cyweirfwrdd

ແຊັກໂຊໂຟນ

sacsoffon

ຂຸ່ຍ

ffliwt

ໄມໂຄຣໂຟນ

meicroffon

ເສືອ
teigr

ທາງເຂົ້າ
mynediad

ກົງຂັງມິກ
cawell

ມ້າລາຍ
sebra

ອາຫານສັດ
bwyd anifeiliaid

ໝີແຜນດາ
panda

ສັດ
anifeiliaid

ຊ້າງ
eliffant

ກັງກາຣູ
cangarŵ

ແຮດ
rhinoseros

ລິງໂຕນມໃຫຍ່
gorila

ໝີ
arth

ອູດ
camel

ນົກກະຈອກເທດ
estrys

ສິງໂຕ
llew

ລິງ
mwnci

ນົກຟລາມິງໂກ
fflamingo

ນົກແກ້ວ
parot

ໝີຂົ້ວໂລກ
arth wen

ນົກເພັນກວິນ
pengwin

ປາສະຫຼາມ
siarc

ນົກຍູງ
paun

ງູ
neidr

ແຂ້
crocodeil

ຜູ້ເບິ່ງແຍງສວນສັດ
gofalwr sŵ

ແມວນ້ຳ
morlo

ເສືອຈາກົວ
jagwar

ມ້າພັນນ້ອຍ
merlyn

ເສືອດາວ
llewpard

ຮິບໂປ
hipo

ໄຕຈິຣາຟ
jiráff

ໜູງ
eryr

ໝູປ່າຕິວຜູ້
baedd

ປາ
pysgodyn

ເຕົ່າ
crwban

ຊ້າງນ້ຳ
walrws

ໝາຈອກ
llwynog

ກວາງນ້ອຍ
gafrewig

ອາເມລິກັນຟຸດບອນ
pêl-droed America

ຂີ່ລົດຖີບ
beicio

ກິລາເທນນິສ
tennis

ບັສເກັດບອລ
pêl-fasged

ກິລາລອຍນ້ຳ
nofio

ຊົກມວຍ
bocsio

ກິລາຕີຄໍເຕີມນ້ຳແຂງ
hoci iâ

ກິລາເຕະບານ

pêl-droed

ກິລາຕີດອກປີກໄກ່

badminton

ກິລາປະເພດ ແລ່ນ
ເຕັ້ນແລະແກວ່ງ
athletau

ແຮນບອລ

pêl-law

ກິລາສະກີ້

sgïo

ກິລາໂປໂລມ້າ

polo

ທິວ
chwerthin

ໂດດ
neidio

ກອດ
cofleidio

ຮ້ອງເພງ
canu

ຍ່າງ
cerdded

ຝັນ
breuddwydio

ໄຫວ້ພະ / ສວດມົນ
gweddïo

ຈູບ
cusanu

ຂຽນ
ysgrifennu

ແຕ້ມ
tynnu

ສະແດງ
dangos

ຍູ້
gwthio

ໃຫ້
rhoi

ເອົາໄປ
cymryd

ກອດ

bod gan

ເຮັດ

gwneud

ເປັນ

bod

ຢືນ

sefyll

ແລ່ນ

rhedeg

ດຶງ

tynnu

ໂຍນ

taflu

ລົ້ມ

disgyn

ນອນຢຽດ

gorwedd

ລໍຖ້າ

aros

ຖື

cario

ນັ່ງ

eistedd

ແຕ່ງຕົວ

gwisgo amdanoch

ນອນຫຼັບ

cysgu

ຕື່ນນອນ

deffro

ເບີ່ງ

edrych ar

ຮ້ອງໄຫ້

crïo

ລູບ

anwesu

ຫວີຜົມ

cribo

ລົມ

siarad

ເຂົ້າໃຈ

deall

ຄຳຖາມ

gofyn

ຟັງ

gwrando

ດື່ມ

yfed

ກິນ

bwyta

ຈັດໃຫ້ເປັນລະບຽບ

tacluso

ຮັກ

caru

ຖືກິນ

coginio

ຮັບລົດ

gyrru

ບິນ

hedfan

ແລ່ນເຮືອ

hwylio

ຄິດໄລ່

cyfrifo

ອ່ານ

darllen

ຮຽນຮູ້

dysgu

ເຮັດວຽກ

gweithio

ແຕ່ງງານ

priodi

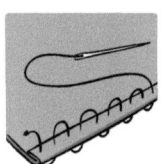

ທຍີບ

gwnïo

ແປງຟັນ

brwsio dannedd

ຂ້າ

lladd

ສູບຍາ

ysmygu

ສົ່ງ

anfon

ຄອບຄົວ

teulu

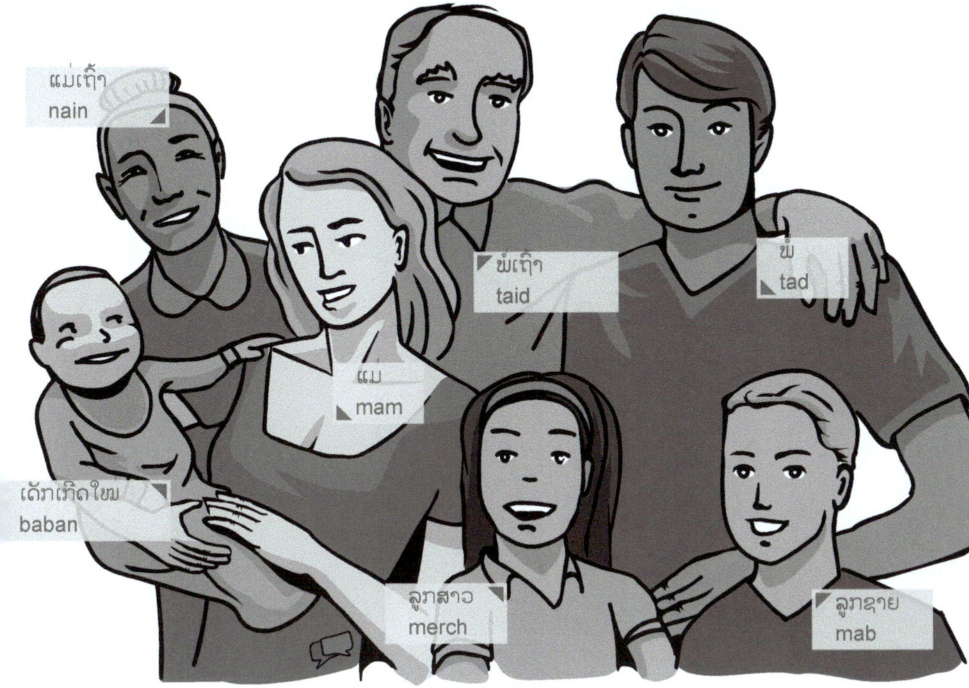
ແມ່ເຖົ້າ
nain
ພໍ່ເຖົ້າ
taid
ພໍ່
tad
ແມ່
mam
ເດັກເກີດໃໝ່
baban
ລູກສາວ
merch
ລູກຊາຍ
mab

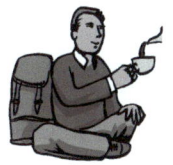

ແຂກ

gwestai

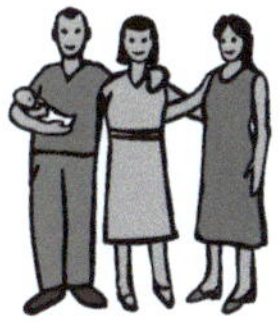

ປ້າ

modryb

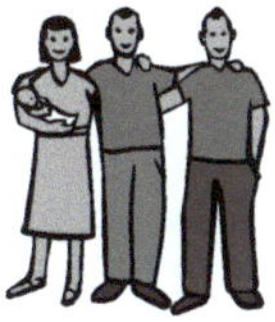

ລຸງ

ewythr

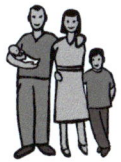

ອ້າຍນ້ອງ

brawd

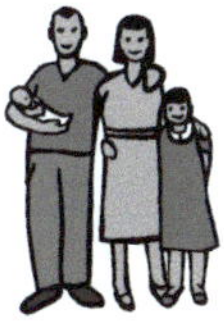

ເອື້ອຍນ້ອງ

chwaer

ຮາງກາຍ

corff

ໜາຜາກ
talcen
ຕາ
llygad
ໃບໜ້າ
wyneb
ຄາງ
gên
ໜ້າເອິກ
bron
ນິ້ວມື
bys
ມື
llaw
ແຂນ
braich
ບ່າໄຫຼ່
ysgwydd
ຂາ
coes

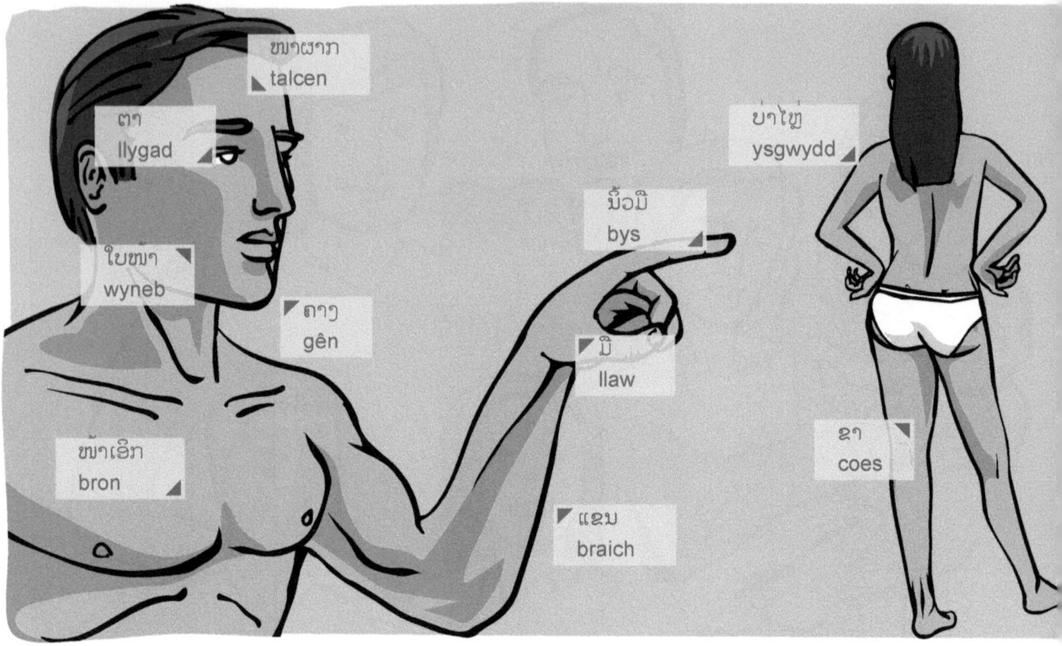

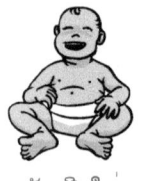

ເດັກເກີດໃໝ່

baban

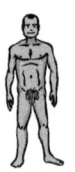

ຜູ້ຊາຍ

dyn

ຜູ້ຍິງ

gwraig

ເດັກຍິງ

geneth

ເດັກຊາຍ

bachgen

ຫົວ

pen

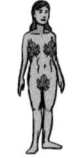

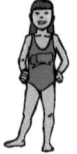

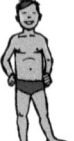

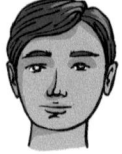

ຫຼັງ
cefn

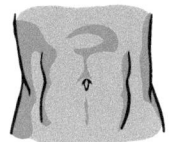

ທ້ອງ
bel

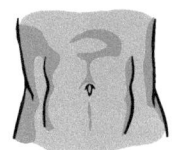

ສະບື
bogail

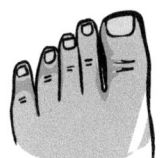

ນິ້ວຕີນ
bys troed

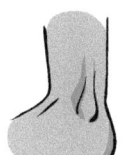

ສົ້ນຕີນ
sawdl

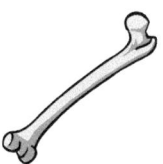

ກະດູກ
asgwrn

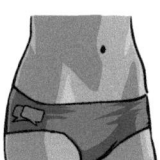

ກະໂພກ
clun

ຫົວເຂົ່າ
pen-glin

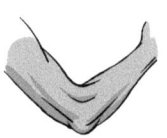

ແຂນສອກ
penelin

ດັງ
trwyn

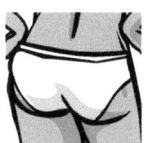

ກົ້ນ
pen ôl

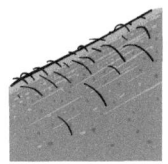

ຜິວຫັງ
croen

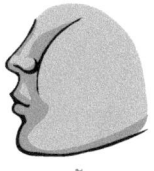

ແກ້ມ
boch

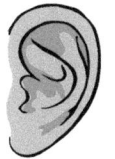

ຫູ
clust

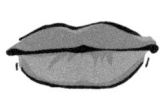

ຮິມສົບ
gwefus

ປາກ
....
ceg

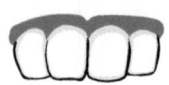

ແຂ້ວ
....
dant

ລີ້ນ
....
tafod

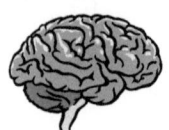

ສະໝອງ
....
ymennydd

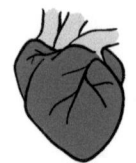

ຫົວໃຈ
....
calon

ກ້າມເນື້ອ
....
cyhyr

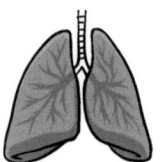

ປອດ
....
ysgyfaint

ຕັບ
....
iau

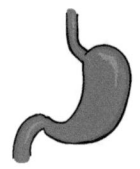

ກະເພາະ
....
stumog

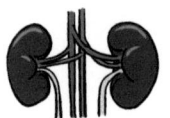

ໄຕ
....
arennau

ເພດສຳພັນ
....
rhyw

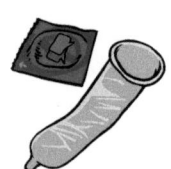

ຖົງຢາງອະນາໄມ
....
condom

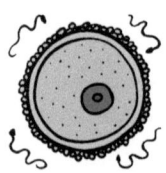

ເຊລສືບພັນ
....
ofwm

ນ້ຳອະສຸຈິ
....
semen

ການຖືພາ
....
beichiogrwydd

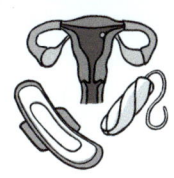

ປະຈຳເດືອນ

mislif

ຊ່ອງຄອດ

fagina

ອະໄວຍະວະເພດຊາຍ

pidyn

ຄີ້ວ

ael

ເສັ້ນຜົມ

gwallt

ຄໍ

gwddf

ໂຮງໝໍ
ysbyty

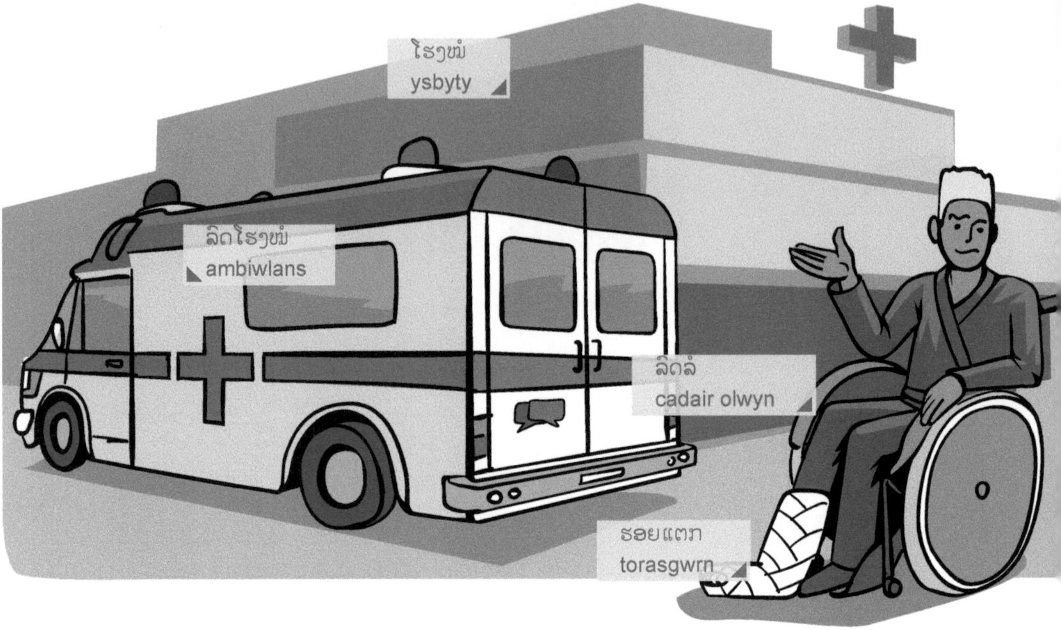

ລົດໂຮງໝໍ
ambiwlans

ລົດລໍ
cadair olwyn

ຮອຍແຕກ
torasgwrn

ທ່ານໝໍ

meddyg

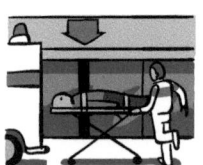

ຫ້ອງສຸກເສີນ

ystafell argyfwng

ພະຍາບານ

nyrs

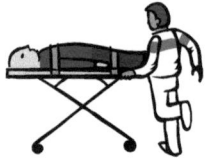

ສຸກເສີນ

argyfwng

ໝົດສະຕິ

anymwybodol

ອາການເຈັບປວດ

poen

ການບາດເຈັບ

anaf

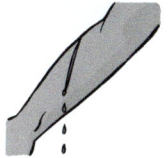

ເລືອດໄຫຼ

gwaedu

ຫົວໃຈວາຍ

trawiad ar y galon

ໂຣກຫຼອດເລືອດໃນສະໝອງ

strôc

ອາການແພ້

alergedd

ໄອ

peswch

ໄຂ້

twymyn

ໄຂ້ຫວັດ

ffliw

ຖອກທ້ອງ

dolur rhydd

ເຈັບຫົວ

cur pen

ໂຣກມະເລງ

canser

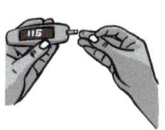

ພະຍາດເບົາຫວານ

diabetes

ໝໍຜ່າຕັດ

llawfeddyg

ມີດຜ່າຕັດ

fflaim

ການຜ່າຕັດ

gweithrediad

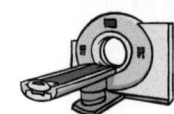

ເຄື່ອງເອັກເອຊິເຣຄອມພິວເຕິ
CT

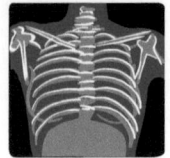

ເອັກຊ໌-ເຣ
pelydr-x

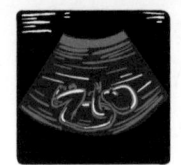

ອູລຕຣາຊາວ (ultrasound)
uwchsain

ໜ້າກາກອະນາໄມ
mwgwd wyneb

ພະຍາດ
clefyd

ຫ້ອງລໍຖ້າ
ystafell aros

ໄມ້ຄ້ຳຂໍ້ແຮ້
bagl

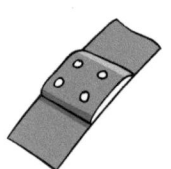

ຜ້າຢາງຕິດບາດ
plastr

ຜ້າພັນແຜ
rhwymyn

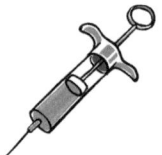

ສັກຢາ
pigiad

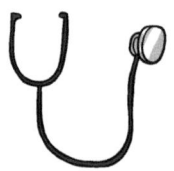

ເຄື່ອງຟັງປອດຫົວໃຈ
stethosgop

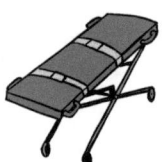

ເປຫາມຄົນເຈັບ
elorwely

ບາໝອດວັດໄຂ້
thermomedr clinigol

ການເກີດ
genedigaeth

ນ້ຳພັກເກີນ
dros bwysau

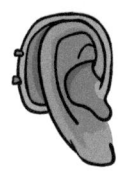

ເຄື່ອງຊ່ວຍຟັງ

cymorth clyw

ນ້ຳຍາຂ້າເຊື້ອ

diheintydd

ການຕິດເຊື້ອ

haint

ເຊື້ອໄວຣັສ

firws

HIV / ເອດສ໌

HIV / AIDS

ຢາ

meddygaeth

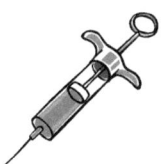

ການສັກວັກຊິນ

brechiad

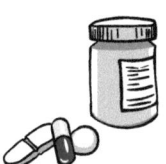

ຢາເມັດ

tabledi

ຢາເມັດ

y bilsen

ໂທອອກສຸກເສີນ

galwad frys

ເຄື່ອງວັດຄວາມດັນເລືອດ

monitor pwysau gwaed

ໄຂ້ / ສຸຂະພາບດີ

yn sâl / yn iach

ຊ່ວຍດ້ວຍ!

Help!

ສັນຍານເຕືອນໄພ

larwm

ການທຳຮ້າຍຮ່າງກາຍ

ymosodiad

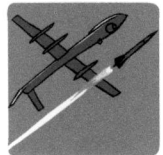

ການໂຈມຕີ

ymosodiad

ອັນຕະລາຍ

perygl

ທາງອອກສຸກເສີນ

allanfa argyfwng

ໄຟໄໝ້!

Tân!

ບັ້ງດັບເພີງ

diffoddwr tân

ອຸປະຕິເຫດ

damwain

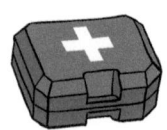

ຊຸດປະຖົມພະຍາບານຂັ້ນຕົ້ນ

pecyn cymorth cyntaf

ສັນຍານຂໍຄວາມຊ່ວຍເຫຼືອ

SOS

ຕຳຫຼວດ

heddlu

ເອີຣົບ

Ewrop

ອາເມລິກາເໜືອ

Gogledd America

ອາເມລິກາໃຕ້

De America

ອາຟຣິກາ

Affrica

ເອເຊຍ

Asia

ອອສເຕຣເລຍ

Awstralia

ແອດແລນຕິກ

Iwerydd

ປາຊີຟິກ

y Môr Tawel

ມະຫາສະໝຸດອິນເດຍ

Cefnfor yr India

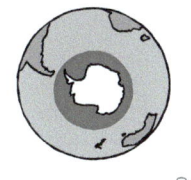

ມະຫາສະໝຸດແອນຕາຕິກ

Cefnfor yr Antarctig

ມະຫາສະໝຸດອາກຕິກ

Cefnfor yr Arctig

ຂົ້ວໂລກເໜືອ

Pegwn y Gogledd

ຂົ້ວໂລກໃຕ້

Pegwn y De

ແອນຕາຣຕິກາ

Antarctica

ໂລກ

y Ddaear

ດິນ

tir

ທະເລ

môr

ເກາະ

ynys

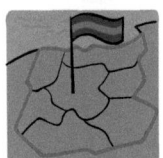

ຊາດ / ປະເທດຊາດ

cenedl

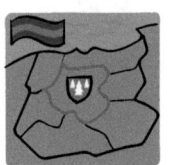

ລັດ

gwladwriaeth

ໜ້າປັດໂມງ

wyneb cloc

ເຂັມໂມງ

bys awr

ເຂັມນາທີ

bys munud

ເຂັມວິນາທີ

bys eiliad

ຈັກໂມງແລ້ວ?

Faint o'r gloch yw hi?

ວັນ

dydd

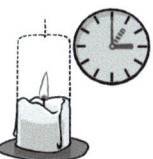

ເວລາ

amser

ຕອນນີ້

yn awr

ໂມງດິຈິຕອລ

cloc digidol

ນາທີ

munud

ຊົ່ວໂມງ

awr

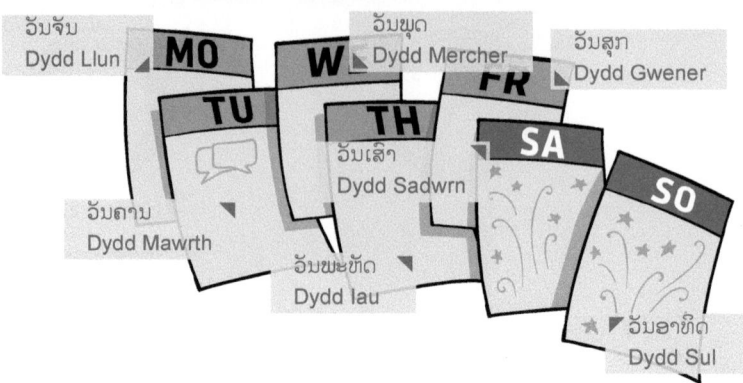

ອັນຈັນ
Dydd Llun

ອັນພຸດ
Dydd Mercher

ອັນສຸກ
Dydd Gwener

ອັນຄານ
Dydd Mawrth

ອັນເສົາ
Dydd Sadwrn

ອັນພະຫັດ
Dydd Iau

ອັນອາທິດ
Dydd Sul

ມື້ວານນີ້
ddoe

ມື້ນີ້
heddiw

ມື້ອື່ນ
yfory

ຕອນເຊົ້າ
bore

ຕອນທ່ຽງ
canol dydd

ຕອນແລງ
noswaith

ອັນເຮັດວຽກ
diwrnodiau busnes

ທ້າຍສັບປະດາ
penwythnos

ປີ

blwyddyn

ຝົນຕົກ
glaw
ຮຸ້ງກິນນ້ຳ
enfys
ລົມ
gwynt
ຫິມະ
eira
ລະດູໃບໄມ້ປົ່ງ
gwanwyn
ລະດູຮ້ອນ
haf
ລະດູໃບໄມ້ຫຼົ່ນ
hydref
ລະດູໜາວ
gaeaf

4.APRIL 11°
5.APRIL 4°
6.APRIL 13°
7.APRIL 8°
8.APRIL 10°

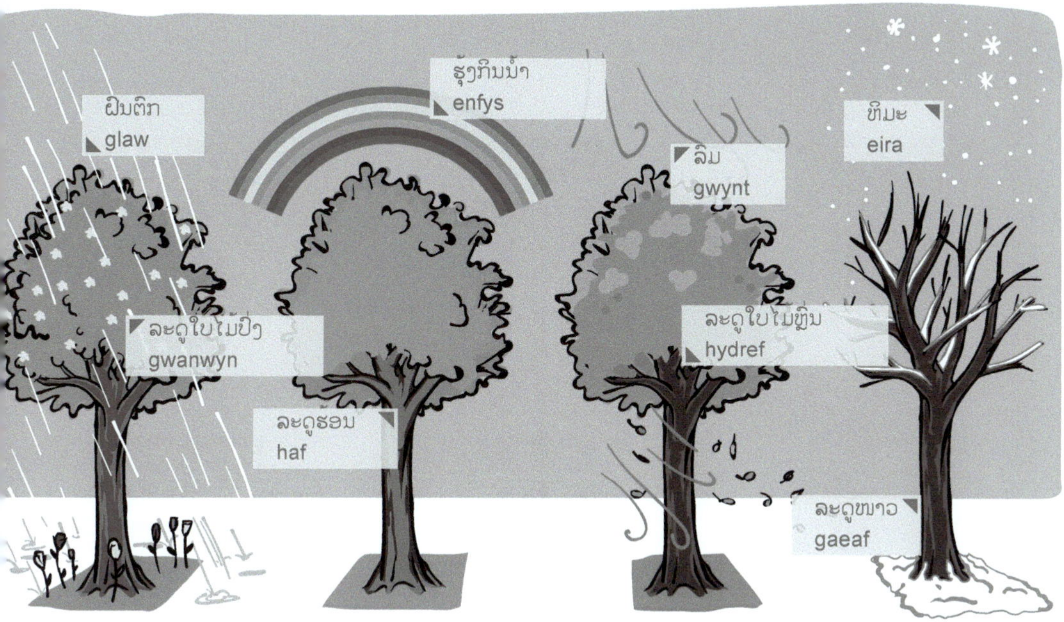

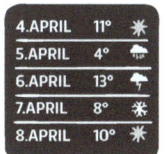

ການພະຍາກອນອາກາດ

rhagolygon y tywydd

F
C
120
90
60
30
0
-30
40
30
20
10
0
-10
-20

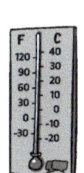

ເຄື່ອງວັດອຸນຫະພູມ

thermomedr

ແສງແດດ

heulwen

ຂີ້ເຝື້ອ

cwmwl

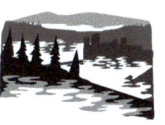

ໝອກ

niwl tew

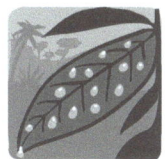

ຄວາມຊຸ່ມ

lleithder

ສາຍຟ້າແມບ
....
mellt

ຟ້າຮ້ອງ
....
taranau

ພະຍຸ
....
storm

ໝາກເຫັບ
....
cenllysg

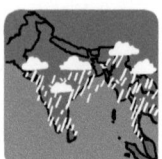

ລົມມໍລະສຸມ
....
monsŵn

ນ້ຳຖ້ວມ
....
llif

ນ້ຳກ້ອນ
....
iâ

ມັງກອນ
....
Ionawr

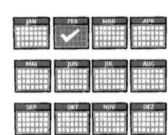

ກຸມພາ
....
Chwefror

ມີນາ
....
Mawrth

ເມສາ
....
Ebrill

ພຶດສະພາ
....
Mai

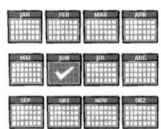

ມິຖຸນາ
....
Mehefin

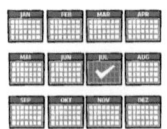

ກໍລະກົດ
....
Gorffennaf

ສິງຫາ
....
Awst

ກັນຍາ
....
Medi

ຕຸລາ
....
Hydref

ພະຈິກ
....
Tachwedd

ທັນວາ
....
Rhagfyr

ຮູບຮ່າງ
siapiau

ວົງມົນ
....
cylch

ສີ່ຫຼ່ຽມ
....
sgwâr

ຮູບສີ່ຫຼ່ຽມມຸມສາກ
....
petryal

ສາມຫຼ່ຽມ
....
triongl

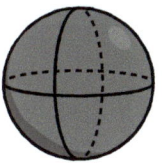

ໝ່ວຍກົມ
....
sffêr

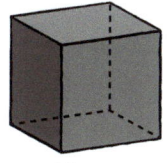

ຮູບສີ່ຫຼ່ຽມມິນທິນ
....
ciwb

ສີຂາວ

gwyn

ສີເຫຼືອງ

melyn

ສີສົ້ມ

oren

ສີບົວ

pinc

ສີແດງ

coch

ສີມ່ວງ

porffor

ສີຟ້າ

glas

ສີຂຽວ

gwyrdd

ສີນ້ຳຕານ

brown

ສີເທົາ

llwyd

ສີດຳ

du

ຫຼາຍ / ນ້ອຍ

llawer / ychydig

ໃຈຮ້າຍ / ໃຈເຢັ້ນ

dig / tawel

ງາມ / ຂີ້ຮ້າຍ

hardd / hyll

ການເລີ່ມຕົ້ນ / ການສິ້ນສຸດ

dechrau / diwedd

ໃຫຍ່ / ນ້ອຍ

mawr / bach

ແຈ້ງ / ມືດ

llachar / tywyll

ນ້ອງຊາຍທີ່ອ້າຍ /
ນ້ອງສາວທີ່ເອື້ອຍ

brawd / chwaer

ສະອາດ / ເປື້ອນ

glân / budr

ສຳເລັດ / ບໍ່ສຳເລັດ

gyflawn / anghyflawn

ກາງວັນ / ກາງຄືນ

dydd / nos

ຕາຍ / ມີຊີວິດ

farw / yn fyw

ກວ້າງ / ແຄບ

eang / cul

ກິນໄດ້ / ກິນບໍ່ໄດ້

bwytadwy / anfwytadwy

ຊົ່ວຮ້າຍ / ໃຈດີ

drwg / caredig

ໜ້າຕື່ນເຕັ້ນ / ໜ້າເບື່ອ

llawn cyffro / diflasu

ອ້ວນ / ຈ່ອຍ

tew / tenau

ທຳອິດ / ສຸດທ້າຍ

cyntaf / olaf

ເພື່ອນ / ສັດຕູ

cyfaill / gelyn

ເຕັມ / ວ່າງເປົ່າ

llawn / gwag

ແຂງ / ນຸ້ມ

caled / meddal

ໜັກ / ເບົາ

trwm / ysgafn

ຄວາມຫົວ / ຄວາມຫົວມ້ຳ

wedi newynnu / yn sychedig

ໄຂ້ / ສຸຂະພາບດີ

yn sâl / yn iach

ຜິດກົດໝາຍ / ຖືກກົດໝາຍ

anghyfreithlon / cyfreithiol

ສະຫຼາດ / ໂງ່

deallus / twp

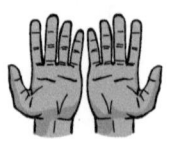

ຊ້າຍ / ຂວາ

chwith / dde

ໃກ້ / ໄກ

agos / pell

ໃໝ່ / ໃຊ້ແລ້ວ
newydd / wedi'i ddefnyddio

ບໍ່ມີຫຍັງ / ບາງສິ່ງບາງຢ່າງ
dim / rhywbeth

ແກ່ / ໜຸ່ມ
hen / ifanc

ເປີດ / ປິດ
ymlaen / i ffwrdd

ເປີດ / ປິດ
ar agor / ar gau

ງຽບ / ດັງ
tawel / uchel

ຮັ່ງມີ / ຍາກຈົນ
cyfoethog / tlawd

ຖືກ / ຜິດ
cywir / anghywir

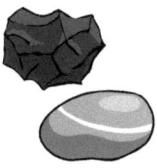

ຂໍ່ລຸຍ / ລຽບ
garw / llyfn

ໂສກເສົ້າ / ດີໃຈ
trist / hapus

ສັ້ນ / ຍາວ
byr / hir

ຊ້າ / ໄວ
araf / cyflym

ປຽກ / ແຫ້ງ
gwlyb / sych

ອົບອຸ່ນ / ໜາວເຢັນ
cynnes / claear

ສົງຄາມ / ສັນຕິພາບ
rhyfel / heddwch

0	1	2
ສູນ	ໜຶ່ງ	ສອງ
sero	un	dau

3	4	5
ສາມ	ສີ່	ຫ້າ
tri	pedwar	pump

6	7	8
ຫົກ	ເຈັດ	ແປດ
chwech	saith	wyth

9	10	11
ເກົ້າ	ສິບ	ສິບເອັດ
naw	deg	un deg un

12
ສິບສອງ
un deg dau

13
ສິບສາມ
un deg tri

14
ສິບສີ່
un deg pedwar

15
ສິບຫາ
un deg pump

16
ສິບຫົກ
un deg chwech

17
ສິບເຈັດ
un deg saith

18
ສິບແປດ
un deg wyth

19
ສິບເກົ້າ
un deg naw

20
ຊາວ
dau ddeg

100
ໜຶ່ງຮ້ອຍ
cant

1.000
ໜຶ່ງພັນ
mil

1.000.000
ໜຶ່ງລ້ານ
miliwn

ພາສາອັງກິດ

Saesneg

ພາສາອັງກິດແບບອາເມລິກັນ

Saesneg America

ພາສາຈິນແມນດາຣິນ

Tsieinëeg Mandarin

ພາສາຮິນດິ

Hindi

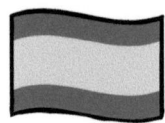

ພາສາສະເປນ

Sbaeneg

ພາສາຝຣັ່ງເສດ

Ffrangeg

ພາສາອາຣັບ

Arabeg

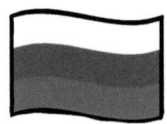

ພາສາຣັດເຊຍ

Rwseg

ພາສາປ໊ອກຕຸຍການ

Portiwgaleg

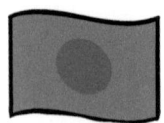

ພາສາແບງກາອລ

Bengali

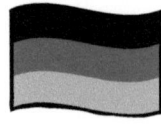

ພາສາເຍຍລະມັນ

Almaeneg

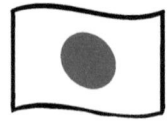

ພາສາຍີ່ປຸ່ນ

Siapanaeg

ຂ້ອຍ

fi

ເຈົ້າ

ti

ລາວ (ຜູ້ຊາຍ) / ລາວ (ຜູ້ຍິງ) / ມັນ

ef / hi

ພວກເຮົາ

ni

ພວກເຈົ້າ

chi

ພວກເຮົາ

nhw

ໃຜ?

pwy?

ແມ່ນຫຍັງ?

beth?

ແນວໃດ?

sut?

ຢູ່ໃສ?

ble?

ເມື່ອໃດ?

pryd?

ຊື່

enw

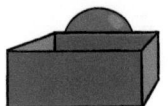

ຢູ່ທາງຫົວ

y tu ôl i

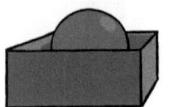

ໃນ

yn / yng / ym / mewn

ຢູ່ທາງໜ້າ

o flaen

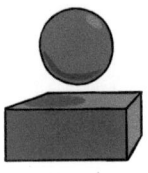

ເໜືອກວ່າ

dros

ຢູ່ເທິງ

ar

ຢູ່ກ້ອງ

dan

ທາງຂ້າງ

wrth ochr

ຢູ່ລະຫວ່າງ

rhwng

ສະຖານທີ່

lle